LES

Drames de l'Afrique Australe

L. BOUSSENARD

COLLECTIONS DU LIVRE NATIONAL

ÉDITIONS JULES TALLANDIER

75, Rue Dareau, PARIS (14e)

LES
DRAMES DE L'AFRIQUE AUSTRALE

LOUIS BOUSSENARD

Les Drames de l'Afrique Australe

Roman d'Aventures

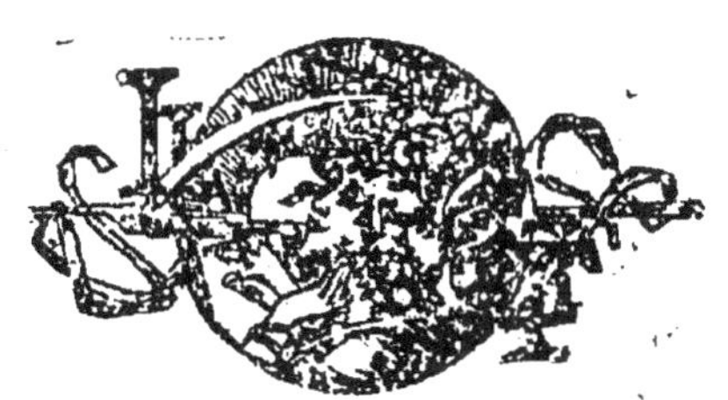

Bibliothèque des Grandes Aventures

Editions Jules TALLANDIER

75, Rue Dareau, Paris (XIVᵉ)

LES DRAMES DE L'AFRIQUE AUSTRALE [1]

CHAPITRE PREMIER

Pendant l'inondation. — Le Révérend perd tout prestige.
— Pieter se défie des gens qui savent lire. — Stupeur
de trois vauriens. — Un terrible boxeur. — Les Boers
rossés comme ils ne le furent jamais. — Comment l'inconnu guérissait les syncopes. — Cornélis et Pieter
trouvent un maître. — Alerte. — Encore Sam Smith, le
bushranger. — Sombre histoire d'un bandit. — Déla-
tion. — Paiement de cinquante coups de fouet. —
Comment l'éléphant se venge du crocodile. — Supplice
du Révérend. — Mystères.

— Activez le feu, Pieter, je me sens glacé jusqu'aux moelles.

— Le fait est que cette inondation subite, succédant à la tempête, a singulièrement rafraîchi l'atmosphère.

— Brrr !... Si, comme le racontent les malins du
Waal, les Hollandais nos pères jouissent pendant
six mois de l'année d'une pareille température, je
préfère cent fois la colonie à la métropole.

— Vous avez raison, Cornélis. J'avalerais comme
du petit lait une pinte de Cape brandy bouillant.

Et Pieter, grommelant, toussant comme une bœuf
atteint de la pneumonie particulière à la région, se
leva, ramassa une énorme brassée de branches
d'acacia, formant une partie de la réserve mise de

(1) *L'épisode qui précède a pour titre :* « LE TRÉSOR DES
ROIS CAFRES. »

côté pour la nuit, et la lança dans le foyer. Les tiges épineuses saturées de gomme crépitèrent bruyamment et lancèrent de longues coulées de flammes qui s'échevelèrent dans les ténèbres.

— Mais vous voulez donc nous jeter sur le dos tous les sacripants à peau noire ou blanche rôdant aux environs ? s'écria d'une voix colère le Révérend qui, sanglé dans sa lévite, semblait insensible au froid humide tombant de toutes parts comme un immense suaire de glace.

— Je voudrais bien savoir comment et de quel côté nous pourrions être surpris, riposta d'un ton bourru Cornélis.

» Nous payons d'ailleurs assez cher cet avantage, car, grâce à vous, nous sommes dans une jolie position. Nous avons fait la sottise de vous accompagner sur cette langue de terre où vous deviez trouver un point de repère indiqué sur votre fameux plan. Vous n'avez rien trouvé du tout. Mais, en revanche, les eaux ont envahi la chaussée reliant la presqu'île au rivage, et nous voilà bel et bien prisonniers jusqu'à la fin de la crue.

— Est-ce ma faute, à moi, si l'un des trois acacias, mentionnés sur le plan de ce missionnaire maudit, a disparu ?

» La cupidité vous rend stupides. Au lieu de récriminer comme des enfants volontaires, vous feriez mieux d'aviser aux moyens de sortir d'ici, afin de continuer nos recherches dès qu'il fera jour.

— La paix ! vieux coquin. Nous n'avons à recevoir de vous ni conseils ni réprimandes...

» Oh ! il est inutile de fouiller dans la poche où se trouve votre revolver. Avant d'avoir tenté le moindre mouvement suspect, sachez que je vous enverrais tenir compagnie aux alligators qui pataugent aux environs.

— Vous ?...

— Oui, moi... parbleu ! Je ne sais véritablement pas ce qui m'arrête, en pensant que j'ai été assez niais pour ajouter foi à vos sornettes et croire que ce torchon informe que vous cachez comme une relique pouvait nous donner cette opulence après laquelle nous courons.

— Cornélis a raison, renchérit Pieter. Vous autres, Européens, vous ne pensez qu'à spéculer sur notre peau, à nous piller et nous rançonner à merci.

» Puis, enfin, je me défie des gens qui savent lire...

— C'est vrai, interrompit Cornélis. Je vous demande un peu à quoi servent tous vos grimoires, quand on possède une paire de jambes et de bras solides, emmanchés à des torses comme les nôtres...

— Un esprit exempt de préjugés, des yeux susceptibles de guider infailliblement la balle d'un Boer...

— ... Et des mains soulevant, comme une paille, la hache de trente livres.

— Parlez-nous de Klaas. Voilà un gaillard qui comprend la vie.

— Au lieu de nous exciter contre lui, d'éparpiller nos forces en semant la division parmi nous, n'eût-il pas été plus sage d'opérer de concert avec lui ?

Le Révérend supportait, avec une parfaite insouciance, ces récriminations en partie double. Il dardait sur ses deux interlocuteurs ses yeux bleu d'acier et semblait préparer une virulente réponse.

Un large rire, qui éclata derrière son dos, arrêta tout net dans sa gorge l'apostrophe avec laquelle il comptait foudroyer les deux rebelles.

L'irruption soudaine d'une troupe de noirs ou la subite attaque de fauves eussent trouvé les trois solitaires sur la défensive, tandis que, étant donné le lieu et le moment, cet éclat de gaieté produisit sur eux une singulière impression de stupeur. Les Boers surtout, n'ayant de l'homme civilisé que l'épiderme, élevés de père en fils au milieu des superstitions les plus grossières, admettaient volontiers une intervention surnaturelle. Quel homme, en effet, eût été assez téméraire pour oser ainsi se rire des deux redoutables bandits devant lesquels tremblaient tous les aventuriers du pays ? Le Révérend, au contraire, sur l'esprit duquel de semblables puérilités ne pouvaient avoir aucune prise, fut agité d'un pressentiment sinistre et, pour la première fois, peut-être, se sentit envahi par une terreur contre laquelle il essaya de réagir.

Il n'en eut pas le temps.

Le rire venait de s'arrêter. Quelques brindilles craquèrent sous un pas léger et un homme de haute taille, vêtu à l'européenne, une lourde carabine en bandoulière, se détacha en pleine lumière. Il faut rendre aux Boers cette justice que, voyant l'apparition prendre un corps et se manifester sous une forme humaine, ils bondirent, comme poussés par un ressort, et, s'apercevant qu'ils avaient affaire à un seul individu, dédaignèrent de se servir de leurs armes. Leurs lourdes mains s'abattirent sur les épaules du nouvel arrivant, qu'ils s'attendaient à voir plier comme un roseau, en dépit de sa carrure indiquant une force peu commune.

Cornélis, en effet, se vantait de colleter d'une seule main, en l'empoignant par une corne, le bœuf le plus vigoureux, et Pieter se faisait un jeu d'arrêter par les pieds de derrière un poulain de trois ans.

L'inconnu résista comme un pilier de fer. Les sauvages blancs demeurèrent un instant stupides d'étonnement, et leur esprit, encore sous l'impression récente causée par l'éclat de rire, opéra un retour subit vers le surnaturel.

L'homme était bien en chair et en os. Cornélis et Pieter en firent sans plus tarder l'expérience. Avec une aisance parfaite, il se dégagea sans effort apparent de cette double étreinte, ramena ses deux bras devant sa poitrine et prit, en un clin d'œil, une irréprochable attitude de boxeur.

Puis, ses poings, lancés comme des marteaux-pilons, jaillirent sous une irrésistible et savante propulsion. Cornélis, touché au creux de l'estomac, fit : « Han !... » tendit les bras et s'abattit de son long, avec un bruit flasque de chair aplatie.

— Celui-là est borgne... ne l'aveuglons pas, murmura le boxeur.

Pieter voulut opérer une brusque retraite de corps. Il n'en eut pas le temps. Frappé en plein front comme avec une massue, il fléchit sur les jarrets, poussa un cri rauque et s'écroula en croix sur le corps de son aîné.

Celui qui venait d'accomplir cet effroyable tour de force contempla un moment ce pittoresque enchevêtrement de torses et de membres et reprit, sans paraître remarquer le Révérend, dont les dents claquaient d'épouvante :

— Voilà un joli coup double qui ravirait William Harrisson, mon premier professeur, si le digne homme n'avait reçu à Newgate les derniers services du vieux Calcraft .

A ce nom de William Harrisson, le Révérend fit un bond comme s'il avait reçu une balle en plein cœur. Il s'élança vers l'inconnu et bégaya d'une voix haletante :

— Vous avez dit... William... Harrisson !...

— Silence ! coquin, riposta-t-il d'une voix dure. Tu parleras tout à l'heure... quand je t'interrogerai.

» Tes armes... Dépêchons...

Le Révérend, affolé, tendit son revolver.

— Bon. Mais ce n'est pas tout. Il me faut ce plan dont vous parliez il y a un moment.

— Mais... voulut protester le misérable, dont la froide audace avait fait place à un inexplicable affaissement...

— Encore une fois, silence... et dépêchons. Je n'ai jamais répété deux fois un ordre.

Le gredin s'exécuta en tremblant de plus belle.

— Cela suffit... quant à présent.

Puis, voyant que les Boers gisaient, immobiles comme des cadavres, il ajouta :

— Il faut faire revenir à eux ces deux rustres qui restent là, étalés comme des veaux.

Et comme le Révérend hésitait, interdit :

— Allons ! pas tant de façons. Tu connais le procédé des voleurs d'or, n'est-ce pas, le plus simple et aussi le plus efficace ?

» Pardieu ! ils ne sont pas morts. Je ne tue d'un coup de poing que quand je veux.

» Ecarte leurs vestes. Entre-bâille leurs chemises. Mets à nu les poitrails. Applique-moi un solide tison là-dessus. Appuie... ferme, que ça leur flambe le cuir.

Les chairs pétillèrent sous la morsure du feu, et une écœurante odeur de grillé se répandit dans les airs. Cornélis et Pieter, rappelés soudain à la vie par ce moyen d'une brutalité inouïe, se mirent à hurler comme des possédés.

— Voià qui est bien, fit le boxeur avec son rire sarcastique.

» Hé ! debout, vous autres, et faites-moi grâce de votre musique, ou je vous bâillonne de deux nouveaux coups de poing.

Cornélis et Pieter, dominés par cet accent impérieux, domptés pour la première fois de leur vie, surmontèrent l'atroce douleur causée par l'application des tisons et se turent soudain. Les événements s'étaient déroulés avec une telle rapidité, le double choc qui les avait assommés avait été à ce point violent, que leur cerveau ne comprenait plus, que leurs poumons respiraient à peine.

Ils se dégagèrent lentement, promenèrent sur la lueur produite par le foyer un regard hébété et s'assirent lourdement, avec des attitudes d'ivrognes.

— Ma parole, grogna Cornélis, il me semble avoir reçu dans la poitrine un coup de pied lancé par Kleinboy... mon cheval pie.

— Et moi, balbutia Pieter, c'est à croire qu'un arbre de cent pieds s'est abattu sur mon crâne.

— Chacun un simple coup de poing, octroyé par votre serviteur, dit en goguenardant le terrible inconnu.

» Allons, debout, camarades, nous avons à causer. Et, surtout, que la tentation ne vous vienne pas d'allonger les pattes sur vos armes vénérables, car alors je serais forcé de vous faire avaler à chacun le contenu d'un des canons de ma carabine.

Les Boers, humiliés et plus que jamais démontés

par cette assurance servie par une formidable vigueur, se relevèrent avec ces gestes brutalement maladroits de chevaux abattus entre les brancards d'une voiture.

— Maintenant, écoutez-moi. Il est bien entendu, n'est-ce pas, que vous êtes dorénovant à mon entière discrétion. Je viens de vous donner un échantillon, très faible, d'ailleurs, de mon savoir-faire. Mon procédé pour entrer en matière a été un peu vif, j'en conviens, mais je n'avais pas le choix des moyens. Puis, enfin, je l'ai employé parce que cela m'a plu et qu'il était, mieux que de longs discours, à la portée de vos cervelles.

Cornélis et Pieter firent entendre un grognement pouvant à la rigueur passer pour un assentiment.

— Je commanderai et vous obéirez sans observation, parce que je suis le plus fort et aussi le plus intelligent. Vous m'appartiendrez corps et âmes pendant un temps dont la durée sera subordonnée aux seuls événements, mais qui ne saurait être bien long.

» Votre existence à tous deux, et mieux encore votre intérêt, me garantiront votre fidélité. Car mon intention est de vous faire plus riches que vous n'eussiez jamais osé l'espérer.

Les faces brutales des deux rustres se déridèrent à ces derniers mots, et Pieter, en dépit d'une ecchymose bleuâtre qui gonflait son visage, ébaucha un sourire.

— On pourra s'entendre avec vous, gentleman. Car, si vous êtes en effet un peu vif, vous parlez d'or...

— Vous voulez dire de diamant, mon camarade.

— Excusez ma curiosité, est-ce que vous penseriez aussi à la conquête du *trésor des rois cafres* ?

On voit, par cette précaution oratoire précédant son interrogation, que Pieter commençait à s'humaniser.

— J'y pense si bien, répondit avec une sorte de condescendance hautaine l'inconnu, que je vous adjoins à ma personne pour entreprendre cette conquête. Vous serez mes lieutenants et je partagerai avec vous selon vos mérites et aussi selon mon bon plaisir.

» Oh ! vous pouvez avoir foi en ma générosité. Quelles que puissent être vos prétentions, elles seront encore dépassées.

— Eh bien, tope là ! s'écrièrent les deux colosses en s'avançant, la main ouverte.

— Bas les pattes, garçons ! interrompit rudement leur interlocuteur. Je n'aime pas les familiarités.

Un léger clapotement se fit entendre à ce moment derrière le mince rideau de verdure fermant l'îlot du côté du fleuve.

L'inconnu prêta une oreille attentive à ce bruit insolite dont il cherchait vainement à deviner la cause.

— C'est vous qui vous appelez Pieter, n'est-ce pas ? dit-il au balafré.

— Oui, gentleman.

— Prenez votre roër, avancez-vous jusqu'à la rive et inspectez minutieusement les environs. Si vous apercevez quelque chose de suspect, faites feu et repliez-vous aussitôt.

» Il serait véritablement trop absurde de nous laisser surprendre, comme vous l'avez été par moi, tout à l'heure.

» A propos, la pirogue qui m'a amené est amarrée de l'autre côté à une racine. Voyez si elle est toujours en place.

» Allez !...

Pieter, encore tout engourdi, saisit son fusil, l'arma en appuyant le doigt sur la détente pour éviter le craquement de la batterie et disparut sous la feuillée.

Il revint au bout d'un quart d'heure et trouva Cornélis debout près de leur nouveau patron, tandis que le Révérend, affaissé sur le sol, lançait de tous côtés les regards d'un loup pris au piège.

— Tout est calme, gentleman. La pirogue est à l'endroit indiqué. Quant au bruit que nous avons entendu, je l'attribue à deux caïmans échoués près d'un banc de vase. Ils se sont retirés en m'apercevant.

— Bon. Voici des caïmans indiscrets qu'il sera nécessaire de surveiller.

» Je vous disais tout à l'heure que nous allions avant peu nous emparer du trésor et en faire trois parts.

— Votre Seigneurie veut dire quatre... ce qui est beaucoup.

— Ma Seigneurie a dit et a voulu dire trois. L'effectif de ma troupe se compose de trois hommes.

» Il y a ici quelqu'un qui ne sera pas admis au partage.

Le faux missionnaire releva brusquement la tête.

— C'est ce personnage que vous connaissez seulement sous le nom du Révérend, bien qu'il en possède un autre.

» N'est-ce pas, James Willis ?...

— Grâce !... pardon ! Sam, ne me tue pas.

— Silence ! quand je parle. Tu ne m'as pas reconnu, quand, dernièrement, je t'ai transporté avec ton compagnon à l'îlot de la grande cataracte. Il est vrai que j'avais pris soin de dissimuler suffisamment mon visage.

» Je me suis un moment demandé si je n'allais pas te casser la tête séance tenante. J'ai hésité, pensant te retrouver plus tard. Bien m'en a pris, d'ailleurs, puisque j'ai pu t'enlever tout à l'heure ce plan que tu dissimulais si précieusement et grâce auquel je me fais fort de retrouver le trésor ?

— Comment, vous avez le plan, gentleman ? s'écria Cornélis tout surpris. Mais Votre Seigneurie sait donc lire ?

— Cornélis, mon garçon, vous avez la manie d'interroger. Il faudra vous en corriger, car je n'aime pas cela.

» Si vous n'y voyez que d'un œil, tâchez d'ouvrir consciencieusement vos deux oreilles et de vous le tenir pour dit.

» Oui, pardieu ! j'ai le plan du missionnaire anglais. Il n'était guère difficile à moi de savoir que ce coquin l'avait dans sa poche, car vous vocifériez comme des hérons-butors au moment de mon arrivée. J'ai fait mon profit de cette indiscrétion impardonnable pour des gens qui, comme vous, êtes rompus à la vie d'aventures.

» Encore une fois, garçons, écoutez sans interrompre.

» Et maintenant, à ton tour, James Willis.

» Nous sommes de vieilles connaissances, n'est-ce pas, et tu te souviens du jour où nous nous rencontrâmes pour la première fois.

» J'étais matelot à bord du clipper *Adélaïde*, qui se perdit sur les écueils du détroit de Torrès. Un navire battant pavillon hollandais recueillit les trois seuls survivants qui mouraient de faim sur le récif. J'étais un de ceux-là.

» J'en suis arrivé depuis à me demander souvent s'il n'eût pas mieux valu que mes os desséchés fussent aujourd'hui incrustés dans la broussaille de pierres, car j'ai mené, à dater de ce moment, une singulière et terrible existence.

» Mais à quoi bon récriminer ? Ce qui est fait est bien fait.

» Ceux qui nous sauvèrent étaient tout simplement des pirates écumant, pour leur propre compte, le littoral australien. Tu le sais d'autant mieux que tu étais un des commanditaires de l'association.

» Oh ! je ne te reproche en aucune façon de m'avoir enrôlé, bon gré, mal gré, parmi les flibustiers. J'étais parfaitement libre de refuser et de rester sur le récif. Mais j'étais jeune, je tenais à la vie... puis je devais posséder en naissant cette absence de préjugés qui a fait de moi Sam Smith, le bushranger.

A ce nom redouté, les deux Boers éprouvèrent un brusque tressaillement.

— Gentleman, un mot, demanda presque timidement Cornélis.

Smith fit de la tête un signe d'assentiment.

— Nous vous connaissons de nom et de réputation et nous devons vous confesser que nous avons, jadis, essayé de faire endosser à un Français, notre ennemi, la responsabilité de vos exploits.

— Oui, je sais cela. Ma prodigieuse ressemblance avec lui faillit bien souvent lui attirer des ennuis...

— Gentleman, je n'ai pas besoin de vous faire de protestations. Votre nom est pour nous la meilleure des garanties. Disposez de nous corps et âme, n'est-ce pas, Pieter ?

— Oui, répondit le Boer. Le gentleman n'avait pas besoin de nous assommer. Il lui suffisait de se nommer.

— C'est bien. Passons, interrompit le bushranger avec impatience.

» Tu m'entends, n'est-ce pas, James Willis ? Je retrouvai là, en ton aimable compagnie, William Harrisson, mon ancien maître d'équipage, élevé à la dignité de second capitaine.

» William triompha sans peine de mes dernières hésitations. Son exemple et tes conseils firent bientôt de moi un sacripant accompli. Notre association fut rompue par un de ces incidents qui interviennent fatalement dans l'existence des forbans. Les uns furent massacrés après une lutte acharnée contre les matelots d'un croiseur, les autres furent amarrés au bout d'une corde, pour l'exemple ; les derniers, enfin, furent emmenés en Tasmanie.

» Je réussis à m'évader et je dus faire tous les métiers, sauf le bon. Après avoir été écumeur de mer, je devins voleur de grands chemins. Je fus, pendant plusieurs années, la terreur des mineurs australiens, jusqu'au jour où, empoigné par la police coloniale, je te retrouvai au milieu d'un lot de convicts internés près d'Hobbart-Town.

» Des hommes de notre trempe ne pouvaient longtemps rester ainsi sous la férule des argousins. Nous résolûmes de nous enfuir. Tu fus l'âme du complot. Tout était prêt. Nous allions être libres. Un misérable nous dénonça. Je reçus pour ma part cinquante coups de fouet. Il fallait que j'eusse l'âme chevillée aux flancs pour ne pas mourir, car le bourreau ne me ménageait guère. Aussi, chaque fois que la terrible lanière, bientôt rougie, arrachait un lambeau de ma chair, je me jurais de découvrir l'infâme qui me replongeait dans l'enfer du bagne et me faisait subir ce supplice atroce.

» Le traître avait été transporté sur un autre point du territoire, puis bientôt gracié. Cette double faveur le désignait suffisamment à ses victimes. Pendant les deux années que dura ma captivité, je vécus pour ma seule vengeance. Puis, enfin, je réussis encore à m'évader. Il est bien difficile, je le répète, de garder en cage des rapaces de mon envergure. Je parcourus en tous sens l'Australie, semant partout la terreur et cherchant mon ennemi avec l'âpre ténacité de ma haine inassouvie. Vains efforts, le coquin demeura introuvable. Les années s'écoulèrent, je revins en Europe, je fouillai les bas-fonds de notre société de réprouvés. Rien. Je retournai sur le continent austral, sans que mon acharnement obtînt le moindre succès.

» J'allais désespérer et croire, de guerre lasse, que ce personnage avait enfin rendu son âme au diable, son patron, quand je trouvai sa piste sur notre colonie du Cap. Ma surprise fut extrême, je l'avoue, bien que je ne sois pas facile à émouvoir, en le reconnaissant sous l'habit d'un prédicant. Il n'y avait pas d'erreur possible. Le drôle qui nasillait en évangélisant les noirs du Gricqual-Land-Ouest, était bien mon ancien compagnon de bagne, le traître qui m'avait vendu, James Willis, enfin.

— Grâce !... grâce !... bégaya le misérable, plus affalé que jamais.

Le bushranger continua imperturbablement, sans donner d'autre signe d'émotion que l'accentuation stridente de certains mots.

— Maintenant, tu vas mourir... lentement... tout seul... de soif... de faim. Les insectes vont trouer ta peau... Les vers te dévoreront vivant. Le soleil desséchera tes yeux... fera bouillir ta cervelle dans ton crâne et tu appelleras, mais en vain, la mort trop tardive à venir.

» James Willis, tu sais comment se venge l'éléphant du crocodile, son ennemi acharné qui ne lui laisse aucune trève. Il le saisit dans sa trompe, l'emporte dans une fourche d'arbre entre ciel et terre... puis, il s'en va tranquillement et le laisse périr.

» Je te réserve le même supplice.

Le bandit, à ces mots, déroula froidement la longue ceinture de laine rouge ceignant ses reins, en déchira trois morceaux et dit à Cornélis :

— Empoignez-moi ce drôle. Ne le serrez pas trop. Evitez qu'il vous griffe et vous morde. C'est une bête venimeuse.

Les dix doigts du géant étaient un rude bâillon et le Révérend fut bientôt, en dépit de ses ruades et de ses soubresauts désespérés, dans l'impossibilité d'opérer aucun mouvement.

Le bushranger lui attacha en un tournemain les jambes et les poignets, lui posa sur la bouche un bâillon agencé de façon à lui permettre de respirer tout en étouffant ses cris.

Puis, l'enlevant dans ses bras d'athlète avec autant de facilité qu'il l'eût fait d'un enfant, il le déposa à deux mètres du sol dans les branches fourchues d'un arbre placé près du foyer.

— Adieu, James Willis, dit-il de sa voix ironique. Repens-toi si tu le peux.

» Et nous, camarades, allons à nos affaires.

Les deux Boers, en dépit de leur proverbiale brutalité, étaient vivement impressionnés par le spectacle de ces farouches représailles. Ils allaient emboîter, sans mot dire, le pas à leur terrible compagnon, quand celui-ci s'arrêta brusquement.

— J'entends encore ce singulier clapotis qui nous a si fort intrigués tout à l'heure. Cela n'est pas naturel. Nous sommes épiés. Les caïmans seraient moins tenaces... à moins toutefois qu'ils ne sentent la chair fraîche, ce dont je doute.

» Suivez-moi.

Les trois hommes s'avancèrent lentement jusqu'au bord de l'eau et aperçurent distinctement deux barres noires flottant sur la couche jaunâtre, lisse comme un miroir. Ces barres rigides, longues de trois mètres environ, émergeant seulement de quelques centimètres, pouvaient être ou deux troncs d'arbres ou la partie supérieure de la carapace de sauriens. Elles dérivaient doucement l'une derrière l'autre, sur la même ligne, comme si la première eût remorqué la seconde en produisant des cercles concentriques à peine visibles.

Smith épaula rapidement son arme et fit feu. La balle atteignit avec un bruit sec un des objets mystérieux, sans que l'oreille expérimentée des aventuriers ait pu distinguer si le projectile avait frappé un madrier de bois ou la substance cornée formant l'armature d'un caïman.

Aveuglés par la déflagration de la poudre, entourés d'un nuage opaque de fumée, aucun des trois compagnons ne put recommencer le feu. Chose étrange, les deux corps flottants opérèrent un brusque mouvement de retraite, avec ce bruit caractéristique de pagaies produit par les pieds palmés du caïman. Ils disparurent en un clin d'œil dans le ligne sombre formée par les arbres bordant le rivage.

— Ce sont bien des alligators, dit à voix basse Pieter, quand tout fut rentré dans le silence.

— Ils n'ont pas plongé, répondit Sam Smith en laissant apercevoir, malgré son calme, une certaine préoccupation.

— Mais, repartit Cornélis, s'ils n'ont pas plongé, ils courent droit à la rive. Vous avez une barque, gentleman, hâtons-nous. Peut-être arriverons-nous à temps.

— Vous avez raison. *Go ahead !*

Ils passèrent en courant près du Révérend, qui râlait, sans même l'honorer d'un regard. Le bushranger mit la main sur la liane servant à amarrer sa pirogue et qui était, on s'en souvient, attachée à une racine.

Il hala doucement et poussa une épouvantable imprécation en n'éprouvant aucune résistance.

La légère embarcation indigène avait disparu. Il

ne restait plus, dans la main de l'aventurier, qu'un tronçon rongé, effiloqué du câble végétal.

En dépit de toute leur ingéniosité, nul parmi eux ne pouvait attribuer une cause précise à cette rupture mystérieuse qui, en les privant de leur unique moyen de transport, les immobilisait sur l'îlot jusqu'au moment du retrait des eaux.

CHAPITRE II

— Voyons, il s'agit de préciser. Cet homme est-il
un voleur ou *simplement* un assassin ?

— Je n'hésite pas à l'accuser de ces deux crimes.

— Vous n'hésitez pas... je le veux bien. Mais, sur
quelles preuves établissez-vous ces présomptions ?

— Dites cette certitude.

— Nous verrons en temps et lieu. Nous sommes
des juges, non des ennemis et nous voulons examiner sans parti pris les arguments de l'accusation et
ceux de la défense.

» Si la sentence que nous prononçons est terrible,
en ce qu'elle est sans appel, puisqu'elle entraîne la
mort immédiate, nous voulons être éclairés avant de
statuer en notre âme et conscience.

» On a trop souvent accusé, non sans raison, je le
reconnais, les hommes formant le tribunal du juge
Lynch de se laisser aveugler par la passion, de com-

mettre des abus de pouvoir irréparables et de frapper des innocents...

» Nous avons le droit d'être inflexibles, à la condition d'être justes ; n'est-ce pas gentlemen ?

Un murmure approbateur accueillit ces sages paroles et quelques bravos éclatèrent soudain.

— Vous m'avez, à l'unanimité, chargé de présider ces débats. Je veux être à la hauteur de cette pénible mission et la remplir sans pusillanimité comme sans emportement.

» Répondez, vous qui vous faites l'accusateur de cet homme, dites-moi sur quoi vous établissez votre certitude.

— Mais... gentleman, permettez-moi une observation qui a bien sa valeur. Nous sommes ici sur les terres de Sa Majesté la reine. Le pavillon anglais flotte sur le principal établissement et...

— Où voulez-vous en venir ?

— A ceci : que moi, fonctionnaire nommé par le lord gouverneur, je ne puis reconnaître la compétence de ce que vous appelez votre tribunal.

— Pas possible !...

— Sans doute. Vous êtes pour la plupart des mineurs occupés à l'exploitation de claims diamantifères, en un mot de simples citoyens n'ayant aucune qualité pour remplir, de votre propre autorité, les fonctions judiciaires et, alors...

— Continuez, dit froidement le président.

— Je vous somme, au nom de la loi, d'avoir à me remettre l'accusé et son complice, afin qu'ils soient conduits au prochain chef-lieu de juridiction régulièrement établi et jugés conformément à la loi.

Cette prétention souleva un véritable ouragan de cris et de blasphèmes. De tous côtés s'élevèrent des protestations formulées dans un langage n'ayant rien d'évangélique et d'une tournure beaucoup plus réaliste que parlementaire.

Le président laissa passer l'orage et reprit sans se départir de son calme :

— Vous me sommez au nom de la loi d'opérer en vos mains la remise des prisonniers, mais il fallait également vous emparer d'eux par le même procédé et les arrêter vous-mêmes sans avoir recours à nous. En ce moment, ils ne vous appartiennent plus. Car, de deux choses l'une : ou ils sont coupables, et constituent par cela même un danger pour notre exploitation ; il faut donc nous en débarrasser. Ou ils sont innocents, et alors nous n'avons rien à redouter d'eux ; dans ce cas, les mains qui se fussent levées pour les condamner se tendraient fraternellement vers eux.

— Mais ignorez-vous donc que, aussitôt après l'assassinat, j'ai quitté sans hésiter ma résidence, que je me suis élancé sur la piste de ces hommes, que, pendant de longs jours, bravant les fatigues, la chaleur, la soif, la faim, je me suis attaché à leurs pas, les poursuivant sans trêve ni merci, pour arriver à leur faire expier leur crime ?

— Cela prouve que vous êtes un detective intelligent et zélé. Vous êtes payé pour assurer la sécurité des travailleurs et vous avez fait votre devoir.

» Que demandez-vous de plus ?

» Eh bien, je vais vous le dire. Vous êtes un ambitieux qui voulez profiter d'un crime et bénéficier, pour votre avancement, du sang versé par un misérable. Je vois percer le bout de l'oreille, monsieur le policeman.

» Ma foi, tant pis pour vous. Nous n'avons pas à entrer dans ces mesquines questions d'intérêt personnel. Nous sommes, de par notre propre volonté, constitués en tribunal, et nous allons juger, ne vous en déplaise. Si la culpabilité des accusés est parfaitement établie, vous serez largement récompensé. Toute peine mérite son salaire. Si, au contraire, ils se justifient, vous recevrez trente coups de fouet... On ne dérange pas impunément d'honnêtes travailleurs comme nous qui avons, pardieu ! bien autre chose à faire.

— C'est bon, riposta le policeman, furieux, je ne parlerai plus. Je refuse absolument d'articuler le moindre grief.

— A merveille. Mais, comme nul ne peut se moquer du juge Lynch, je vais commencer par vous faire fouetter jusqu'à ce que vous jugiez à propos de sortir de votre mutisme.

» Puis, si votre langue ne se délie pas, ce sera un malheur pour vous, car vous serez pendu !

» Et vous, messieurs, veuillez vous asseoir. Vous n'êtes encore que des accusés. J'aurai pour vous les égards auxquels ont droit des hommes qui sont peut-être innocents.

Ces paroles, dont la courtoisie n'excluait en aucune façon la fermeté, produisirent sur l'assistance une impression autrement puissante que les éclats de voix et les phrases ronflantes qui emplissent les prétoires où se tiennent les assisses des nations civilisées. En outre, l'heure, le lieu, l'aspect du président improvisé, des jurés et des accusés, tout concourt à donner à cette scène un caractère d'étrangeté sauvage.

La nuit est sombre. Une vingtaine de torches, formées d'un bois résineux, plantées en demi-cercle, brûlent en pétillant avec une flamme rougeâtre et fuligineuse. Cette lueur sombre éclaire fantastiquement les basses branches d'un banian monstrueux qui se projettent horizontalement, comme la charpente d'une coupole de feuilles. Debout, tête nue, se tient le groupe des mineurs du Kopje Victoria. Pittoresquement vêtus de leurs haillons de travail, de ponchos, de chemises rouges, de vestes, d'où émergent des faces tannées par le soleil, des bras aux muscles saillants comme des cordes, des poitrines brunies au grand air. Anglais, Péruviens, Allemands, Mexicains, Irlandais, Argentins, Australiens, Espagnols, Chinois même, fraternellement confondus, oubliant pour un moment leurs rivalités nationales ou leurs compétitions individuelles, oubliant aussi l'ardente convoitise et l'âpre labeur du digging, écoutent, dominés par l'accent du président, comprenant, pour la première fois peut-être, que la justice primitive établie par John Lynch n'est pas la fête du sang, la rage de l'homicide, la farandole autour du cadavre.

Toutes ces figures énergiques, émaciées par le travail et les privations, reflètent les impressions les plus diverses et tous ces yeux luisants, aux paupières éraillées par les poussières impalpables des claims, se portent tantôt sur les accusés, tantôt sur le président. Ce dernier leur fait face. Il est assis, le dos appuyé au tronc du banian, sur une énorme racine.

C'est un homme d'une quarantaine d'années, qui porte haut sa tête au front puissant, fortement dégarni, et dont les traits flétris, mais superbes, disparaissent sous une longue barbe brune semée de nombreux fils d'argent. Nul ne sait son nom. On l'appelle l'*Ingénieur*. Probablement à cause de sa vaste érudition et des connaissances techniques dont il a fait preuve dans son exploitation. Il semble, d'ailleurs, jouir d'une grande influence, puisque ses compagnons de travail lui ont confié les redoutables fonctions dont il s'acquitte avec autant de tact que de fermeté.

A sa droite, Mr. Will, que l'on a reconnu, redresse sa haute taille et essaie de payer d'audace, nonobstant la rude mercuriale qu'il vient de recevoir et malgré la terrible menace qui plane sur sa tête.

A gauche, enfin, Albert de Villeroge et Alexandre Chauny, que le gredin ose accuser, en dépit des bons offices dont il leur est redevable, se tiennent tristes et fiers, sans forfanterie comme sans faiblesse, et produisant sur tous ces déclassés qui se connaissent en courage la plus favorable impression.

Albert, dévoré d'angoisse, semble étranger à ce qui se passe autour de lui. Sa pensée accompagne la chère captive au secours de laquelle il voudrait voler et dont l'implacable fatalité l'a séparé, au moment où, plus que jamais, la pauvre enfant avait besoin de protection.

Il espère pourtant, car Joseph est libre et il a une foi absolue dans l'adresse et le dévouement de son frère de lait. L'essentiel est de sortir de ce mauvais pas. Il essaie de réagir, de vaincre ses préoccupations, et il y parvient à peine.

Heureusement qu'Alexandre est là. Aussi à l'aise que s'il se trouvait dans un salon parisien, il semble plutôt un spectateur qu'un acteur du drame qui se joue en ce moment et auquel il fournira peut-être un terrible dénouement. Il attend paisiblement l'occasion de répondre à une question et fait son profit de la maladresse avec laquelle vient de procéder Mr. Will. La situation ne lui paraît aucunement compromise, au contraire.

Les diggers, chose rare, conservent leur attitude correcte. Il est, en effet, absolument inusité que, dans de semblables conjonctures, on n'ait pas à constater des cris, des imprécations, et jusqu'à des voies de faits se produisant fatalement entre les partisans ou les ennemis des accusés. Ce phénomène est d'autant plus étonnant que la plupart sont des gens sans aveu ou tout au moins des déclassés auxquels les préjugés sont inconnus.

— J'ai demandé tout à l'heure, reprit le président de sa voix grave, si nous nous trouvions en présence d'un vol ou simplement d'un assassinat.

» Je m'explique. Notre société, à peine en voie de formation, est ainsi organisée que nous cherchons, avant tout, à garantir la propriété au moyen de mesures tout à fait exceptionnelles.

» Si nous punissons le vol de mort, nous n'avons pas, quant à présent, à nous occuper des meurtres survenant à la suite de rixes, hélas ! trop fréquentes.

— Pardieu ! Il ne manquerait plus que cela, exclama un Yankee, occupé à taillader un morceau de bois avce son bowie-knife.

» Est-ce que, dans la plupart des nations civilisées, le duel n'est pas excusé ? Ici, nous nous battons quand nous jouons et quand nous avons bu, c'est-à-dire un peu tous les jours. Nous ne faisons de tort à personne et nous sommes bien libres de pratiquer à nos peaux autant de trous qu'il nous convient.

» N'est-ce pas, gentlemen ?

Cette saillie cynique souleva un gros rire qui montrait suffisamment dans quelle singulière situation d'esprit se trouvaient ces aventuriers.

— Aussi, continua l'interrupteur, je vois bien où veut en venir l'honorable président. Il se pourrait que l'un de nous songeât à reprocher à ces deux gentlemen la façon un peu brusque dont ils ont jadis quitté le kopje.

» *By God !* Il y en a parmi nous plusieurs qui portent encore leurs marques. Sans compter le pauvre Dick, mon associé, si proprement saigné d'un coup de navaja. Ma foi, tant pis ! c'était de bonne guerre. Ils nous ont canardés à coups de fusil, assommés sous la muraille de l'écurie du kraal, nous ont fait piétiner sous les sabots d'un escadron de chevaux affolés, tout cela, je le répète, est de bonne guerre.

»'*By God !* La belle retraite ! J'eusse donné mon *claim* pour me trouver avec eux. Cela, d'autant plus volontiers, que nous avions tous les torts.

» Comment avons-nous été assez niais pour croire ces lourdauds de Boers, qui voulaient absolument nous faire prendre le gentleman pour Sam Smith, le bushranger !

— C'est vrai !.. C'est vrai !... exclamèrent vingt voix différentes, avec les accents les plus divers.

— Nous avons revu Sam Smith depuis ce moment et nous avons pu reconnaître notre erreur.

» Le gentleman l'a échappé belle. Cela nous apprendra une autre fois à être plus circonspects.

— Vous avez raison, reprit haineusement Mr. Will sortant enfin de son mutisme, en se rappelant la menace du président.

» Mais autre chose est de défendre sa vie par tous les moyens possibles et d'assassiner lâchement, pendant la nuit, une vieillard inoffensif pour s'emparer de son avoir...

Alexandre haussa les épaules et sourit dédaigneusement.

— Gentlemen, un certain nombre d'entre vous se trouvaient au hopje de Nelson's Fountain quand eu lieu ce crime abominable.

» Le Juif était au digging depuis quelques jour

seulement, lorsque arrivèrent, on ne sait d'où, deux Français. L'un est en fuite en ce moment, l'autre se tient près du principal accusé. Celui-ci travaillait aux mines et vous l'avez également reconnu lorsque nous opérâmes hier son arrestation. Il eut avec les nouveaux venus un conciliabule assez long, puis ils se rendirent, la nuit venue, au dray occupé par le Juif et sa fille.

» Le motif de cette entrevue était de céder le claim qu'il exploitait. Les fonds furent versés par l'acquéreur et les trois Français disparurent aussitôt.

» Le lendemain matin, le mercanti gisait égorgé dans une mare de sang. Sa fille et sa servante étaient garrottées au fond du dray, le coffre-fort était forcé et les marchandises mises à sac.

Les deux amis, privés de nouvelles depuis leur départ de Nelson's Fountain, ignoraient naturellement ce lugubre événement. Se voyant appréhendés par les mineurs que conduisait Mr. Will, apprenant la qualité de celui-ci, et en s'entendant accusés de vol et d'assassinat, Alexandre pensait qu'il allait avoir à répondre de crimes imputables à Sam Smith. Du moment où son individualité était parfaitement établie par les mineurs qui le connaissaient, il espérait, avec juste raison, sortir indemne de cet imbroglio et démontrer péremptoirement qu'il y avait là, comme toujours, un quiproquo déplorable, produit par sa ressemblance avec le bushranger.

Mais cette accusation, si nettement formulée par le policeman, relativement à un crime commis alors que Smith était manifestement absent du Champ de Diamants, compliquait singulièrement l'affaire et faisait planer sur le jeune homme un danger terrible.

En dépit de son sang-froid, Alexandre tressaillit visiblement et s'écria d'une voix altérée :

— Assassiné !... Le Juif de Nelson's Fountain ?

— Oui ! monsieur le Français. Assassiné, quelques heures avant ce départ précipité que vous avez effectué avec deux compagnons.

» C'était bien maladroit de votre part. Il fallait au

moins rester quelques jours encore. Nul ne vous eût soupçonnés. Tandis que, disparaissant seuls du digging, fuyant en dissimulant vos traces, il y avait fort à présumer que vous aviez de bonnes raisons pour vous éclipser ainsi !

Alexandre et Albert, atterrés, ne trouvaient rien à répondre.

Leur silence, leur émotion, produisirent une impression déplorable sur les mineurs jusqu'alors disposés en leur faveur.

— Mais, ce n'est pas tout, reprit Mr. Will, triomphant, quelque rusés que soient les criminels, ils ne pensent pas à tout et, dans la précipitation qui suit l'accomplissement de leur forfait, il arrive souvent qu'ils laissent des traces indélébiles de leur passage.

» Tenez, monsieur le président, prenez donc ce bijou. Présentez-le à ces deux gentlemen et demandez-leur si, par hasard, ils n'en connaissent pas la provenance.

C'était un médaillon en or, auquel adhéraient encore les deux fragments rompus d'une fine chaînette du même métal.

Albert ne put retenir, en l'apercevant, une exclamation de surprise. Il le saisit aussitôt, l'ouvrit nerveusement et s'écria :

— Mon médaillon !...

Puis il resta quelques moments en contemplation devant l'adorable figure qu'il renfermait. Quelques mots de Mr. Will l'arrachèrent à son extase. Le policeman souriait méchamment.

— Ainsi, dit-il au président, le gentleman avoue que ce bijou lui appartient réellement. Il connaît d'ailleurs le mécanisme secret servant à l'ouvrir et les traits de la personne qu'il renferme lui semblent familiers.

» Et bien, savez-vous où et quand je l'ai trouvé ? Je l'ai ramassé le matin du jour qui suivit le crime, à quelques pouces du cadavre du mercanti.

» Vous vouliez des preuves, n'est-ce pas ? eh bien, jugez donc, maintenant, et prononcez en votre âme et conscience.

Un tonnerre d'imprécations s'échappa soudain de toutes les poitrines à ce coup de théâtre si habilement ménagé par Mr. Will. La culpabilité des deux jeunes gens, quelque peu probant que fût l'argument, ne faisait plus aucun doute pour ces jurés, impressionnables comme de grands enfants.

— Silence, gentlemen, interrompit le président, paraissant douloureusement affecté de cette scène, et qui, moins nerveux que les diggers, semblait ne pas partager leur conviction.

» Mais défendez-vous donc, messieurs, s'écria-t-il en se tournant vers les accusés. Vous appartenez à une nation généreuse, au tempérament de laquelle répugnent des crimes aussi infâmes. J'aime et j'estime les Français, je connais la France que j'ai servie avec dévouement aux heures lugubres de l'invasion. Je vous ai vus accourir tous au cri de la patrie en danger... j'ai admiré votre courage pendant la bataille et votre fierté résignée aux moments douloureux de la défaite. Non, le sang qui a coulé pour une si noble cause ne peut mentir à ce point.

» Encore une fois, défendez-vous, messieurs ! C'est un frère d'armes, un Irlandais aujourd'hui sans patrie qui vous en prie.

— Mais, s'écria Alexandre d'une voix que l'indignation faisait trembler, regardez-moi donc bien en face, vous tous qui criez : « A mort ! » et qui croyez aveuglément les ineptes accusations de ce misérable policier que nous avons nourri fraternellement, secouru en mainte occasion avec dévouement et qui nous doit plusieurs fois la vie.

» Ai-je l'air d'un voleur ou d'un assassin ? Vous qui fûtes mes compagnons de travail, avez-vous jamais trouvé quoi que ce soit de répréhensible dans ma conduite pendant mon séjour avec vous ? N'ai-je pas toujours été un camarade obligeant, à la délicatesse duquel vous vous plaisiez à rendre hommage, et dont la moralité ne fut jamais suspectée ?

» Devient-on criminel du jour au lendemain, quand on possède comme moi des antécédents sans tache ?

» Enfin ! mes dénégations ne valent-elles pas l'affirmation de ce personnage suspect, qui prétend appartenir au corps de la police coloniale et qui, jusqu'à présent, n'a fourni aucune preuve de son identité.

» Qui nous prouve enfin, que ce bijou, appartenant à mon ami, a été effectivement trouvé près de la victime de ce mystérieux attentat. Ne pourriez-vous pas l'avoir dérobé pendant votre séjour avec nous, ou tout au moins ramassé au cours de l'expédition ?

Les chercheurs de diamants attendaient avec une curiosité fiévreuse la réponse de Mr. Will à cette véhémente apostrophe.

— L'accusé, répliqua-t-il de sa voix fausse, vous dit : « Ai-je l'air d'un voleur et d'un assassin ? » Je réponds : « Oui », à ce puéril argument. Ne l'avez-vous pas tous pris pour Sam Smith le bushranger, ce bandit au nom duquel tremblent encore les mineurs australiens et africains ?

» Quant à ma personnalité, que l'accusé traite de suspecte, ceux qui l'ont connu à Nelson's Fountain se rappellent également m'y avoir vu dans l'exercice de mes fonctions.

— Je me le rappelle d'autant mieux, interrompit l'Américain, qu'il me souvient de vous avoir gentiment cassé une dent, un jour que vous vouliez m'empoigner comme un simple filou.

— A quelque chose malheur est bon, riposta philosophiquement le policeman, puisque, grâce à cet inconvénient, je ne serai pas accusé de vouloir vous en imposer relativement à ma position sociale.

— Jolie position, grommela le Yankee.

— Je ne la changerais pourtant pas contre celle de ces deux Français.

— Hum ! ni moi non plus. Ils sentent diablement la corde.

— Mais vous ne pensez pas à commettre une pareille iniquité, s'écria de nouveau Alexandre.

» En tout autre moment, que nous importerait la mort ? Mais, aujourd'hui, il faut que nous vivions.

— Oh ! oui, rugit Albert d'une voix éclatante, vivre quelques jours, quelques heures seulement.

— Tenez, gentlemen, laissez-moi faire appel à toute votre loyauté. Mon ami vient d'être affreusement frappé dans sa plus chère affection. Sa compagne, enlevée par un bandit, implore son aide. Accordez-nous un sursis. Quelques jours. Puis, quand justice sera faite, quand l'infortunée jeune femme sera libre, nous viendrons nous constituer prisonniers. Peut-être aurons-nous alors à vous présenter des preuves de notre innocence.

— Je vous en donne ma parole d'honneur de Français et de gentilhomme.

Plusieurs mineurs, sincèrement émus par ces chaleureuses paroles, firent entendre quelques bravos. Mais la grande majorité, ne comprenant pas ce qu'une semblable proposition renfermait de grandeur et d'abnégation, firent entendre un rire bestial. Puis, d'autre part, leur brutalité ordinaire reprenant le dessus, ils voulaient leur pendu. Peu leur importait, en principe, que ce fût le policeman ou les Français ; mais, puisque le premier avait réussi à sauver sa tête, c'était aux autres à leur offrir la sinistre récréation de la dernière heure.

Le président, bien qu'il fut persuadé de l'innocence d'Albert et d'Alexandre, vit que tout était perdu. Il essaya pourtant d'obtenir un sursis, quelque bref qu'il pût être, espérant quand même un événement imprévu suceptible de modifier la situation.

— Gentlemen, dit-il, après avoir réussi à obtenir le silence, laissez-moi ajouter un mot. Vous m'autorisez, n'est-ce pas, à résumer les débats. Eh bien, je vous déclare que, de part et d'autre, il faut un supplément d'enquête. Votre conviction ne saurait être ainsi établie par...

— Si !... si !... Les Français sont coupables. Qu'on les pende ! séance tenante.

— Mais, demain !...

— Demain ne nous appartient pas...

» C'est tout de suite.

» Vous avez des cordes ...

» Oui !... oui !... des cordes.

» Qui grimpe sur le banian ? Voilà une potence toute trouvée.

— Moi !... Non, ce sera moi.

Un groupe de diggers se rua près de l'arbre, en bousculant, dans leur précipitation, le président et les accusés. L'Américain s'arc-bouta le long du tronc, fit la courte échelle à un de ses compagnons, qui escalada lestement les basses branches.

Pendant ce temps, Albert et Alexandre, saisis par des mains brutales, se débattaient avec toute l'énergie du désespoir, soulevant à chaque effort une grappe d'hommes vociférants et furieux.
Ils allaient succomber sous le nombre.

— Jetez-moi les cordes, hurla d'une voix rauque l'individu qui, penché sur la branche, revendiquait le sinistre hommage de préparer l'instrument du supplice.

— Voilà ! lui cria-t-on d'en bas.

Le misérable étendait la main pour saisir à la volée la corde qu'on lui lançait, quand on le vit, à la lueur des torches, porter la main à sa gorge. Il poussa un râle étouffé, fit de vains efforts pour conserver son appui, oscilla deux ou trois fois et s'abattit lourdement sur le sol.

Un cri d'épouvante échappa à ses camarades, en voyant enroulé, autour de son cou, un serpent bleu d'acier dont les anneaux l'entouraient comme un cable de métal, pendant que la gueule du monstre, largement ouverte, s'incrustait à la peau avec une ténacité hideuse.

En même temps, le sifflement métallique des pickakolou en fureur se faisait entendre sous les feuilles du géant végétal.

CHAPITRE III

Invasion de serpents. — Déroute. — Crocodiles en chasse.
— Encore une fois réunis. — Terreur de Mr. Will. —
Joseph déclare qu'il est « apprenti crocodile ». —
« Ceux de l'Alligator ». — Singulière coutume des Ba-
kouénas. — Les talents de Zouga. — Sur le fleuve. —
Comment les Bakouénas effectuent les reconnaissances.
— Procédés de natation en usage chez les hommes-
alligators. — Joseph, en compte avec le bushranger,
lui a « emprunté » sa pirogue. — A travers l'inconnu.

Au moment ou le râlement strident du terrible
ophidien de l'Afrique australe se faisait entendre
sous les branches du banian, les diggers, épouvantés, qui s'étaient tout d'abord portés au secours de
leur camarade, avaient prudemment opéré un pas de
retraite. Tous savaient que sa morsure ne pardonne
pas et nul ne se sentait le courage d'affronter celui
qui, collé à la gorge du moribond, semblait se repaître de son sang avec une sensualité gloutonne.

De nouveaux sifflements s'échappant en outre de
la futaie aérienne où s'ébattait sans doute un clan
de reptiles, personne, parmi les lyncheurs, ne se présenta pour aller assujettir de nouveau l'instrument
du supplice. Bien plus, la chute du bourreau volontaire, si hideusement cravaté par le pickakolou,
avait eu pour résultat immédiat d'isoler du groupe
Albert, Alexandre, le président et Mr. Will qui, tous
quatre, dans le premier mouvement d'une stupeur
bien naturelle, s'étaient adossés au tronc.

Un silence de mort avait tout à coup succédé aux clameurs furieuses emplissant naguère la clairière. Les mineurs, en entendant ces sifflements, et appréhendant non sans raison l'arrivée subite de nouveaux ophidiens, reculaient de plus en plus en formant une demi-cercle s'agrandissant lentement derrière les torches. L'éclat de ces flambeaux primitifs devait en effet les attirer et les racines émises verticalement jusqu'au sol par les branches horizontales pouvaient leur offrir de nombreux points de communication avec la terre.

Une détonation d'arme à feu éclata soudain dans la direction du fleuve et se répercuta comme un tonnerre sur les eaux qui venaient mourir en clapotant à quelques pas. Comme si cette détonation eût été un signal auquel obéissaient les génies malfaisants de cette nature troublée par l'invasion de l'homme, les sifflements se firent entendre de plus belle et, peu à peu, on vit se tordre et évoluer doucement le long des lianes, avec un imperceptible susurrement d'écailles froissés, une formidable avant-garde de reptiles. Enroulant et déroulant leurs anneaux avec une molle lenteur, ils semblent prendre un plaisir extrême à darder de droite et de gauche leurs têtes effilées, en imprimant à leurs cols des ondulations capricieuses qui font courir sur leur peau azurée les jeux de lumière les plus inattendus.

Ils se suivent sans précipitation, regardent les flammes de leurs yeux froids et immobiles, font mouvoir avec une étrange volubilité leur petite langue fourchue et s'arrêtent de temps en temps en formant un nœud hideux aussitôt refait que défait. Intimidés sans doute par le fracas qui retentissait tout à l'heure sous l'arbre leur servant d'abri, ils s'enhardissent peu à peu et s'approchent de plus en plus de la lueur fascinatrice. Plusieurs ont déjà touché le sol. Ils se mettent à ramper la tête haute vers les torches près desquelles ils s'arrêtent bientôt, en sifflant de plus belle, comme pour appeler leurs congénères.

Les mineurs reculent toujours devant cette effroyable invasion et semblent oublier entièrement le but de leur réunion. Un certain nombre d'entre eux opinent pour la retraite, sauf à revenir un peu plus tard terminer leur lugubre besogne si dramatiquement interrompue. Un nouvel incident vient tout à coup hâter cette retraite et la transformer en déroute. Des cris plaintifs analogues aux vagissements de nouveau-nés se font entendre dans la direction du fleuve, mais en arrière de la troupe des lyncheurs. Les eaux, brusquement agitées, clapotent avec des mouvements de ressac, comme si une flotille de pirogues abordait à la côte.

Ces vagissements, inoubliables pour celui qui les a une fois entendus, sont poussés par les caïmans du Zambèze, les plus féroces peut-être de tout le continent africain.

Nul ne se trompe sur leur provenance et chacun est édifié sur leur signification. Les voraces amphibies sentent la chair humaine. Ils accourent des profondeurs du fleuve géant sollicités sans doute par les émanations que produit cette assemblée nombreuse.

Quelque amateurs forcenés de pendaison que soient les diggers, il n'est pas de curiosité qui puisse tenir devant cette double alternative d'être mis en lambeaux par les caïmans ou de succomber sous le venin des serpents.

Un long cri s'élève :

— Les crocodiles !... Les crocodiles !... Sauve qui peut !

Et chacun de tourner bravement les talons et de gagner au plus vite le chemin battu conduisant du fleuve au digging Victoria.

Les quatre hommes restent seuls sous le banian d'où tombe de temps en temps quelque nouveau serpent. Master Will, en proie à une morne épouvante, claque des dents et semble près de défaillir. Les deux Français et l'Ingénieur ont conservé tout leur sang-froid.

— Ma foi, messieurs, leur dit-il à voix basse, je ne m'attendais pas à un dénouement aussi heureux. Vous êtes pour le moment à l'abri de la colère des hommes, tachez de profiter des ce répit pour échapper à la dent empoisonnée des reptiles.

» Tout danger n'est pas conjuré de ce côté, tant s'en faut, mais nous avons chance de nous tirer de ce mauvais pas avec un peu de prudence.

D'un mouvement spontanné, Albert et Alexandre tendent, au loyal Irlandais, une main que celui-ci serre cordialement.

— Vous nous croyez innocents, au moins, vous, murmure Alexandre.

— Parbleu ! Vous avez dû vous en apercevoir à la façon dont je dirigeais les débats...

» Mais, trêve de compliments. Je vais essayer d'abattre avec mon couteau trois fines baguettes bien flexibles. C'est la meilleure arme pour avoir raison de ces vermines.

» Quant aux caïmans, je ne les entends plus. Je doute fort qu'ils pénètrent bien avant sur les terres.

» Restez immobile, je vais me mettre en quête des badines.

— Pas besoin branche pour pickakolous, chef, dit en mauvais anglais une voix gutturale partie des hautes herbes et appartenant à un individu que l'on ne pouvait apercevoir.

Les trois hommes tressaillirent.

— Pas bouger. Moi venir.

Un léger frémissement agita les herbes et la voix reprit :

— Moi, voilà, chef !

Une face noire, surmontant un torse démesurément large, porté sur deux jambes arquées, apparaît et les deux amis, au comble de la surprise, reconnaissent leur ami le Bushman.

Le brave Africain paraît radieux. Un large rire dilate sa bouche et ses gros yeux, toujours en mouvement, inventorient curieusement la clairière.

— Bon ! dit-il dans son patois. Les pickakoulous sont toujours là. Les blancs sont partis. C'est l'inondation qui a chassé les serpents de leur retraite. Ils sont venus sur le banian. J'ai tout vu. J'étais là quand le blanc a été mordu.

» Suivez-moi sans crainte. Il ne nous attaqueront pas. Je connais l'herbe qui les éloigne.

— Mais, les caïmans !

— Oh ! ils ne sont guère à craindre, allez, monsieur Alexandre, s'écrie à quelques pas, en français, une voix bien connue.

— Joseph !... C'est Joseph !...

— En chair, en os, en personne lui-même, pour vous servir.

» Avec Zouga ! Eh !... Zouga !... Avaï !... Avaï !... mon camarade.

— Mon cher Joseph ! que fais-tu ? D'où viens-tu ? Par quel hasard miraculeux te trouves-tu près de nous ?

— Eh Caraï ! je viens de là, répond-il en montrant le fleuve. Le hasard qui nous amène ?... Il n'y en a pas, nous vous cherchions. Quel limier, que ce Zouga !

» Ce que je fais ?... Je suis depuis ce matin apprenti crocodile.

— Mais tu es fou.

— Oui, bien fou de bonheur de vous revoir. Un peu plus, je danserais le fandango, si j'avais des castagnettes.

» Caraï !...

— Qu'y a-t-il ?

— Des serpents ! Pas de plaisanteries. Ça mord, ces vermines-là.

» Tiens ! L'Anglais... gavache !... il faut que je te saigne. Chose promise, chose due.

— Laisse-le. Vois donc en quel état l'a mis la terreur que lui inspirent les serpents.

» Il est fasciné. Il n'ose plus faire un mouvement. Sa bouche ne peut plus proférer un son. Il va tomber évanoui au milieu de ces hideuses bêtes.

— Monsieur Alexandre, par humanité et aussi pour être bien sûr qu'il ne reviendra pas, permettez-moi de lui envoyer mon couteau à travers les côtelettes, insista le vindicatif Catalan.

— Vous perdrez votre couteau. Car, vous n'espérez pas aller le chercher à l'endroit où vous l'aurez lancé.

— En retraite, messieurs, en retraite, fit l'Ingénieur, il est grand temps.

Le Bushman présentait à ce moment aux cinq compagnons une poignée de feuilles vert-pâle comme celles du saule, et leur faisait signe de s'en frotter vigoureusement la figure et les mains.

Les torches, qui allaient s'éteindre, ne lançaient plus que des lueurs saccadées, au moment où je petite troupe se mettait en marche dans la direction opposée à celle qu'avaient prise les lyncheurs.

Joseph se retourna une dernière fois et jeta un long regard de haine à Mr. Will, pétrifié.

— Ah çà, il ne crèvera donc pas, cet hérétique. A la bonne heure ! Le voilà proprement affalé... Je plains les serpents qui vont mordre sa peau.

Le policeman avait laissé échapper un sourd gémissement et était tombé à la renverse, anéanti par la terreur ou foudroyé peut-être par la morsure d'un pickakolou.

— Et maintenant, où allons-nous ? demanda Albert.

— Du côté du fleuve, parbleu, retrouver le bateau qui va nous transporter où nous avons affaire.

— Comment, tu as un bateau ?

— Et bien d'autres choses encore. Ah ! nous nous sommes crânement débrouillés, avec Zouga, depuis ce matin, allez.

— Je n'en doute pas, mon brave ami, répondit Alexandre en lui serrant la main.

Puis, s'adressant à l'Ingénieur :

— J'ignore, monsieur, dit-il, quels sont actuellement au kopje vos espérances et vos moyens. La façon dont vous vous êtes conduit vis-à-vis de nous est celle d'un galant homme et d'un digne cœur. Vous l'avez dit tout à l'heure, le temps presse. Ce n'est pas le moment de faire des phrases. Voulez-vous rester avec nous, vous associer à une bonne action et partager ensuite fraternellement les bénéfices d'une entreprise dont la réalisation ne peut tarder ?

» Si, d'autre part, vous avez là-bas des intérêts nécessitant absolument votre présence, je vous dis non pas adieu, mais au revoir. Souvenez-vous, en quelque endroit que vous soyiez, que vous avez acquis à notre reconnaissance des droits imprescriptibles et que nous vous appartenons corps et âmes.

— Vous ne sauriez croire, monsieur, répondit de sa voix lente et grave l'Ingénieur, attendri, combien vos sympathiques paroles m'émeuvent. Mais, je ne puis, à mon grand regret, accepter aujourd'hui d'être des vôtres.

» Je dois, dans votre intérêt même, retourner au kopje pour deux motifs. N'est-il pas indispensable que je fasse, dans la limite de mes moyens, éclater la vérité, que je prouve votre innocence ? Il est impossible, en effet, que vous viviez ainsi en état d'hostilité permanente avec les diggers, surtout si votre centre d'opérations doit se trouver dans les environs des mines de diamants.

» D'autre part, vous n'avez plus d'armes. Je vous en procurerai, à tout prix. La nuit prochaine, vous trouverez, derrière le tronc de ce banian que nous venons de quitter, trois armements complets. Je les déposerai moi-même.

» Ne me remerciez pas. J'aurai plus tard l'occasion de vous demander service à mon tour.

» Votre main, messieurs, et au revoir.

Il s'orienta ensuite rapidement, descendit le cours du fleuve et gagna le chemin suivi précédemment par les mineurs.

— A nous, messieurs, dit Joseph après un moment de silence. Voici le bateau en question. Embarquez. Le temps d'amarrer nos crocodiles à l'arrière et je prends place près de vous.

» Zouga, les pagaies...

— Voilà.

— Tout va bien. C'est paré ?...

— Nous sommes prêts.

— Nage !

La légère embarcation, poussée par les bras vigoureux du Cafre et du Bushman, glissa lentement sur les vases molles et se trouva bientôt à flot. Elle côtoya la berge où le courant était bien moins rapide et remonta silencieusement sans quitter la partie sur laquelle les arbres projetaient d'épaisses ténèbres et interceptaient jusqu'au pâle rayonnement des étoiles.

— Et Anna ? demanda brusquement à son frère de lait Albert, toujours en proie à cette sombre préoccupation qui ne l'avait même pas quitté au moment le plus critique de cette nuit terrible.

» Quelles nouvelles ?

— Ni bonnes ni mauvaises, monsieur Albert. Le chariot que nous avons vu au moment où le coquin d'Anglais vous faisait empoigner, flotte comme une chaloupe.

» Nous l'avons aperçu, Zouga et moi, ce matin. Nous ne pouvions le suivre en plein jour sans donner l'éveil au païen qui le conduit, mais il ne peut être bien loin et nous allons le retrouver bientôt, j'espère.

» Puis, vous comprenez que nous ne voulions guère nous éloigner du lieu où vous vous trouviez. Nous étions résolus à tenter l'impossible pour vous sauver, sinon, à mourir avec vous, mais, caraï ! pas sans ouvrir quelques poitrines.

— Bon Joseph ! c'était superbe, mais insensé.

— Superbe, je ne sais pas. Insensé, faudrait voir, pas vrai, Zouga.

Le Cafre, sans cesser de s'arc-bouter sur sa pagaie, fit entendre un grognement de satisfaction pouvant passer pour un assentiment.

— Comment cela ? demanda Alexandre, admirant, sans en être étonné, cette suprême audace.

— Je ne demande pas mieux que de causer, puisque, pour le moment, nous n'avons pas autre chose à faire.

» Je vous disais donc que Zouga, qui est bien à lui tout seul plus malin que tous les contrebandiers

catalans, a fait rapidement de moi un apprenti crocodile assez passable.

— Encore !... Que diable voulez-vous dire ?

— C'est tout simple. Vous savez que les Betchua-
nas se divisent en plusieurs tribus, ayant pour emblème un animal quelconque, et que cet animal est
pour eux, en quelque sorte, une espèce de divinité.

» Ils imitent ses attitudes, ses cris, et en adoptent
jusqu'au nom. Vous connaissez *ceux du Lion*, *ceux
du Serpent*, *ceux du Zèbre*, que sais-je encore. Vous
savez cela mieux que moi, puisque c'est vous qui me
l'avez enseigné.

» Or, donc, Zouga appartient à la tribu des
Bakouénas, ce qui veut dire : *ceux de l'Alligator*.
Vous devinez le reste. Zouga, qui sait se déguiser en
crocodile pour de vrai, a pensé à utiliser ses talents
pour opérer, sans crainte d'être aperçu, une reconnaissance sur le fleuve. Son procédé est tout simplement étourdissant. Vous allez voir. C'est que, avant
peu, vous deviendrez aussi des crocodiles numéro
un.

» Où en étais-je ? Ah ! oui. Je disais que Zouga m'a
conduit dans un endroit où le fleuve forme une espèce de bassin recouvert de plantes aquatiques em-
pêchant absolument d'apercevoir les eaux qu'elles
recouvrent. Il a écarté ces herbes et esquissé une
jolie grimace de contentement, en trouvant, amarrées à la sous-berge, quelques lianes solides plongeant dans le fleuve.

» Je me dis : Té, ce sont des lignes de fond. Mon
brave camarade, craignant sans doute la famine,
a braqué des engins de pêche. Il va m'offrir une ma-
telote au vin de palme. Malgré ma curiosité, je ne
l'interrogeai pas, ayant appris, surtout ici, que les
démonstrations valent mieux que les discours.

» Zouga se mit à haler sur une liane. J'en fis autant. C'était assez lourd et j'éprouvai une certaine
résistance. Le poisson devait être de taille. Je halais
en conscience, quand, tout à coup, je lâchai tout en
voyant émerger... Je vous le donne en cent. Devinez.

— Un crocodile parbleu, répondit en riant Alexandre.

— Je le crus, en effet, mais je me rassurai, quand, au lieu d'apercevoir en chair et en os un de ces énormes et horribles lézards, je me trouvai en présence d'un fin canot en bois dur figurant assez bien un alligator.

— Pas possible !

— Comme j'ai l'honneur de vous le dire. La tête de l'animal est assez habilement sculptée à l'avant et l'arrière du canot rempli avec de la terre glaise le fait enfoncer comme un bâtiment sous le poids de sa poupe.

— C'est parfaitement imaginé.

— Oh ! ceci n'est rien encore. Mais la manœuvre !... Tour de reins, casse-poignets et torticolis mélangés... rien n'y manque.

— Explique-toi.

— Vous le comprendrez d'autant mieux quand vous serez crocodiles. N'est-ce pas, Zouga ?

— Oui.

— Tout n'est pas rose, allez, dans cette noble profession dont notre ami, le chef Bakouéna, est un des représentants les plus autorisés.

» Il faut d'abord se coucher tout du long, à plat ventre, dans cette espece de périssoire, et figurer, avec son dos, le dos du caïman.

— Mais, nos épidermes blancs s'accommodent mal de la couleur brune de tes lézards géants.

— Zouga m'a barbouillé d'une vase épaisse dont je ne pourrai me débarrasser qu'après plusieurs lessives prolongées.

— Bravo ! Vous avez réponse à tout.

— Amplement couvert de ce badigeon, le caïman amateur s'arme d'une pagaie, la plonge dans l'eau et la fait mouvoir à la godille, sans quitter sa position horizontale, sans presque agiter les bras et à la seule force des poignets.

» Cette manœuvre est d'autant plus pénible que la pagaie, sortant à l'avant de la tête sculptée du monstre, n'a d'autre point d'appui que la paume des mains du papayeur.

» La courbature arrive bientôt, mais aussi comme on est dédommagé de ses peines !

— Je n'en doute pas, mon cher Joseph, et le procédé employé par notre brave Bakouéna, pour être des plus ingénieux, n'est pas complètement inédit.

» Certains Peaux-Rouges, riverains du fleuve des Amazones, l'emploient volontiers pour leurs embuscades. Il se servent à cet effet de leurs légers canots, appelés *ubas*, auxquels ils donnent une forme analogue à ceux de Zouga.

— Il n'y a donc rien de nouveau sous le soleil, reprit sentencieusement Joseph.

» C'est d'ailleurs le meilleur système que je connaisse pour opérer sur les rivières une reconnaissance. On arrive jusqu'au milieu de ses ennemis, sans qu'ils se doutent aucunement de votre présence.

» Ainsi, pas plus tard que tout à l'heure, au moment où nous cherchions à rallier la côte, et non loin de l'endroit où ces sacripants voulaient vous pendre, nous avons aperçu ces deux gavaches de Boers en compagnie de Sam Smith et du Révérend.

— Du Révérend ! Vous vous trompez, Joseph.

— Je vous demande pardon, monsieur Alexandre. J'ai vu et bien vu, sans erreur possible. Ils paraissaient s'entendre comme larrons en foire.

— Smith et les Boers, passe encore, mais le Révérend !

— Ce doit être une franche canaille, dans le genre de ce gredin que nous connaissons sous le nom de Mr. Will et dont vous m'avez, bien à tort, empêché de travailler la peau.

» Malheureusement, nous n'avons pas pu nous approcher suffisamment pour entendre ce qu'ils disaient. Ils se défiaient, les coquins et l'un d'eux m'a même envoyé un lingot de plomb qui, par bonheur, s'est logé dans l'arrière de ma périssoire. Un peu plus, j'avais les jambes brisées.

» Comme j'étais en droit de supposer que le canot monté par nous en ce moment appartenait au bushranger, je n'ai fait aucune difficulté pour le lui emprunter. Nous sommes en compte et c'est à valoir sur les vingt mille francs qu'il m'a subtilisés.

» Le but de notre croisière était de vous retrouver. Nous nous sommes dirigés vers la lueur produite par les torches et Zouga, dont l'éducation comme crocodile est complète, a accompagné notre débarquement d'une musique dont l'effet ne s'est pas fait attendre.

» J'étudie d'après sa méthode, mais je n'ai pas encore l'embouchure. Ça viendra plus tard.

— Quel malheur, dit Alexandre tout pensif, que nous ne puissions aller aux informations du côté où se tient ce quatuor de gredins.

— C'est vrai, monsieur Alexandre, mais le temps nous manque.

— A propos, de quel côté nous conduisez-vous ?

— Oh ! soyez sans crainte, Zouga sait bien ce qu'il fait. Il nous mène à l'endroit où sont immergés ses canots de réserve.

» Il en possède, je crois, deux ou trois. Avec ceux que nous traînons à la remorque, notre flotille sera suffisante.

— Bien. Et ensuite ?

— Nous allons nous mettre sans plus tarder à la recherche de ce chariot de malheur où Mme Anna est enfermée.

— Hâtons-nous, mes amis ! hâtons-nous, s'écria Albert, arraché par ces derniers mots aux pensées qui l'obsédaient comme un douloureux cauchemar.

CHAPITRE IV

La fièvre du diamant — Indiscrétion et regrets tardifs.
— Limier et policier doivent chasser de race. — Après
une nuit d'angoisse. — A cinq cents mètres de la prison roulante. — Impatience. — Du calme ! — Le Bushman fait une singulière trouvaille. — De l'importance
que peut acquérir, au désert, la présence d'objets insi-
gnifiants. — Fragment d'aile de papillon ou morceau
de papier. — Inductions merveilleuses opérées par Albert. — Le chemin du Petit-Poucet. — Désespoir.

La conquête du légendaire trésor des anciens rois
cafres, après avoir soulevé des compétitions nombreuses et créé des inimitiés irréconciliables, a déçu
plus d'une ambition et fait bien des victimes. Et,
pourtant, en dépit des difficultés nouvelles surgis-
sant à chaque instant et des périls qui se multi-
plient comme à plaisir, les convoitises deviennent
de plus en plus acharnées. Ce secret si bien gardé
jadis, par les premiers dépositaires, est aujourd'hui
à la merci des gens sans aveu qui en ont fait leur
chose, le motif à peu près unique de leurs entretiens,
le but essentiel de leurs existences.

On parle de la découverte de l'opulente cachette
de diamants comme d'un événement qui se produira
dans un temps plus ou moins long, mais avec certitude. Ceux-là mêmes qui, n'ayant pas interrompu
leur labeur quotidien, étreignent dans les claims le
manche du pic et de la pelle, ou inventorient anxieu-

sement grain par grain les terres préalablement cri-
blées, demandent, aux allants et venants, des nouvelles de la grande affaire. Ce sont les sages, les
moins nombreux, naturellement. Les autres ont dé-
serté l'ouvrage. A quoi bon ce travail de taupes, au
fond de fosses calcinées par le soleil, emplies de
poussières asphyxiantes, et dont le séjour est rendu
si périlleux par de trop fréquents éboulements ? Ne
seront-ils pas riches tout à l'heure ? Ne vaut-il pas
mieux chanter, boire, se battre un peu, en attendant
cet heureux moment ? Le publicain fait aux assoiffés
un large crédit. On escompte l'avenir, on écorne à
l'avance les parts ; un peu plus, on les négocierait
comme des valeurs de Bourse. D'ingénieux statis-
ticiens, — il s'en trouve partout, — ont calculé la
portion probable de chacun. Le chiffre en est fantastique et met à l'envers les cerveaux détraqués déjà
par l'alcool. On ne s'inquiète ni de la façon dont
s'opérera le partage ni de ceux qui en seront chargés. On jouera probablement du couteau et du revolver. Qu'importent, d'ailleurs, ceux qui succombe-
ront. Les survivants auront meilleure part. Entre
temps, on cherche fort peu. Il semble que le trésor
doive se trouver tout seul. Bref, un vent d'insanité
semble avoir soufflé sur le digging.

Nul ne sait comment s'est répandue cette nouvelle
ni quel en a été le premier colporteur. Il a suffi de
quelques heures pour qu'elle fût connue de chacun
et qu'elle révolutionnât le Champ d'Or. Il est à supposer pourtant que l'ivresse des Boers a dû être communicative lors des péripéties qui suivirent le combat
singulier de Joseph contre l'Américain.

Si, comme on dit vulgairement, les Boers ont eu
la langue trop longue, ils ont dû, tout d'abord, déplorer amèrement leur intempérance. Une fois l'éveil
donné, il ne leur a plus été possible de réparer par
de tardives dénégations la faute du premier moment.
Une expédition fut, séance tenante, résolue, et les
deux sauvages blancs en furent, bon gré, mal gré,
bombardés chefs par les mineurs aux exigences desquels ils ne purent se dérober. Le ton comminatoire

de ces exigences et les menaces qui les ont accompagnées n'ont pas permis à Cornélis et à Pieter de refuser cet honneur non moins stérile que périlleux. Que répondre à des gens dont la dialectique se borne à la confection d'un nœud coulant ou à la formation d'un peloton d'exécution ?

Ainsi mis en devoir d'obéir, les deux frères, faisant contre fortune bon cœur, ont feint de se conformer à l'ultimatum de leurs associés forcés. Ils ont opéré la levée en masse des sacripants dont l'avidité s'accommodait bien mieux des hasards d'une expédition dangereuse que du travail régulier du digging. On s'est juré fidélité réciproque, on a largement festoyé à l'occasion du traité, on s'est groupé, puis on est parti. Les Boers, tout naturellement, ne pensaient qu'à se soustraire le plus possible à cette troupe encombrante, à rompre leur engagement et à laisser les aventuriers en tête à tête avec leurs illusions envolées.

Douze heures à peine après la sortie du Champ de Diamants, ils firent la rencontre de Klaas qui, fidèle à la consigne transmise par le Caïman, le mangeur d'hommes, conduisait au rendez-vous son attelage épuisé. On a vu précédemment quel fut le résultat de la première entrevue des trois vauriens et comment Klaas refusa d'entendre parler d'accommodement. On se souvient enfin du plan diabolique, au moyen duquel il put se soustraire à une attaque probable dont le résultat eût été la ruine absolue d'espérances depuis si longtemps caressées.

Klaas, en employant contre les diggers son sauvage procédé de défense, fournit inconsciemment à ses frères l'occasion de se dérober à leurs avides compagnons. Un hasard prodigieux les ayant mis en possession du plan jadis dressé par Mr. Smithson, ils s'enfuirent quelques heures avant l'empoisonnement des eaux du ruisseau. Nul doute qu'ils n'eussent été poursuivis à outrance par les mineurs furieux, si Klaas n'eût frappé de cécité la troupe entière au moyen du suc redoutable de l'euphorbe. Les malheureux allaient vraisemblablement succomber aux suites de ce traitement barbare sans l'arrivée providentielle du Bushman et de Zouga.

Cornélis et Pieter, enfin débarrassés, guidés en outre par le Révérend, qui pouvait lire la route à suivre sur ce plan, étaient déjà bien loin, jurant qu'on ne les reprendrait plus de longtemps à fréquenter les endroits civilisés où les publicains élaborent des drogues pharmaceutiques, auxquelles il est si difficile de résister et où d'indiscrètes oreilles recueillent les propos envolés avec les buées d'alcool.

Mr. Will, pendant ce temps, ne demeurait pas inactif. Confiné au kopje depuis quelques jours, il était complètement resté en dehors de l'expédition ayant pour but le trésor des rois cafres. Peu lui importaient tous les diamants du monde, pourvu qu'il retrouvât les auteurs du crime de Nelson's Fountain. Passionnément épris de ce qu'il appelait son art, désintéressé à sa manière, mais aveuglé par une vanité prétentieuse, il manquait de ce flair qui ne s'acquiert pas et dont le véritable limier de police est instinctivement doué.

Le chien destiné à chasser les fauves apporte en naissant des aptitudes spéciales absolument indispensables aux exercices que son maître exigera plus tard de lui. Si ces aptitudes sont susceptibles d'être développées par un dressage bien entendu, il n'en est pas moins vrai que l'animal, auquel elles font défaut, en principe, ne vaudra jamais rien, quel que soit le soin que l'on prenne de son éducation.

De même le détective auquel la société confie la difficile mission de dépister ces hommes de proie qui constituent pour elle, à l'état permanent, un péril redoutable. La police est un art multiple tout d'intuition, dont on ne peut formuler une définition bien précise, qui ne saurait être étudiée dans les livres et dont l'exercice comporte autant de tact que d'intelligence. Une éducation spéciale complètera ces facultés apportées en naissant et fera, de celui qui les possède, un policier émérite.

Tel n'est pas Mr. Will, qui s'est farci le cerveau de

romans judiciaires et s'imagine de bonne foi être un de ces merveilleux limiers dont l'imagination des romanciers a encore exagéré les exploits. Ses idées relatives à l'assassinat du mercanti ne se sont aucunement modifiées, au contraire. Fourvoyé tout d'abord sur une fausse piste, il s'est acharné à la suivre avec cet entêtement particulier aux cerveaux étroits. Puis, sa ténacité anglo-saxonne aidant, et aussi cette haine inconsidérée que certains Anglais nourrissent contre les Français, il s'est plus que jamais arrêté à cette idée stupide qu'Albert et Alexandre doivent être les assassins. Ne lui demandez ni pourquoi ni comment. Il l'ignore complètement et s'imagine, dans son naïf et injustifiable orgueil, que cette certitude est une des manifestations de son génie.

Supposant, avec juste raison, que les trois amis doivent se trouver aux environs du kopje Victoria, il prend la résolution de jouer son va-tout. Il s'abouche avec les mineurs restés fidèles au rude travail des claims, les édifie sur ses qualités, se pose en homme indispensable, joue au libérateur, parle de la sécurité menacée, des intérêts compromis, et réussit à former un corps de volontaires destinés à réprimer le brigandage.

Les éléments de cette mesure préventive, excellente en elle-même, lui furent fournis d'autant plus volontiers que la présence de Sam Smith avait été récemment signalée aux environs du Champ de Diamants. Les policemen amateurs s'engageaient à fournir, par semaine, chacun un nombre d'heures déterminées, pendant lesquelles ils seraient jour et nuit à la disposition de Mr. Will, qui s'était modestement attribué les prérogatives de chef suprême. Ces préliminaires furent l'affaire de quelques jours, pendant lesquels les fonctions du nouveau corps de police furent une véritable sinécure. Ces braves gens, tout à la ferveur d'un néophytisme récent, ne demandaient qu'à s'employer activement.

L'occasion ne se fit pas attendre. Mr. Will, qui leur faisait battre les buissons pour les tenir en haleine, avait machinalement accompagné jusqu'à leur premier campement les diggers conduits par Cornélis et Pieter à la conquête du trésor. Il allait les ramener à l'établissement, quand les trois Français, guidés par leur mauvaise étoile, furent rencontrés par les volontaires au moment où ceux-ci venaient au secours des mineurs que Klaas avait si fort malmenés.

On se souvient comment Mr. Will, dont ils étaient en droit d'attendre au moins un peu de reconnaissance, les fit empoigner comme de vulgaires scélérats.

Joseph s'échappa, Zouga le suivit, le Bushman disparut dans la bagarre pendant qu'Albert et Alexandre, indignés, étaient conduits au digging. Leur affaire s'instruisit avec la rapidité que comporte cette primitive procédure, puis il fut décidé, pour ne pas perdre de temps, qu'ils seraient jugés la nuit suivante. On fit choix d'un emplacement suffisamment éloigné de la tente où le publicain débitait ses drogues incendiaires, afin que les juges improvisés fussent, au moins pendant la durée de leurs fonctions, soustraits aux influences desastreuses de l'alcool.

C'est alors que, au moment où tout semblait perdu pour les infortunés jeunes gens, se manifestèrent simultanément les dramatiques événements auxquels ils durent un salut inespéré.

. . . .

En dépit de l'obscurité, la pirogue, sous l'impulsion vigoureuse du Bushman et de Zouga, remontait rapidement le cours du Zambèze. La légère embarcation, traînant à la remorque les bizarres canots en usage chez *ceux de l'Alligator*, côtoyait, ainsi que nous l'avons dit, la rive du fleuve, sans quitter la zone des eaux mortes, c'est-à-dire qui échappent à l'action du courant. Joseph, accroupi à l'avant, servait de pilote et empêchait doucement, avec un long bambou, la proue de s'embarrasser dans les nombreuses découpures du sol, formant sous les arbres enchevêtrées de lianes de capricieux festons. Cette « nage » silencieuse des deux noirs bateliers se prolongea quelque temps dans un profond silence, puis

Joseph fit entendre un sifflement doucement modulé. Le Bushman et Zouga stoppèrent derrière une épaisse broussaille s'avançant en promontoire et pouvant servir d'abri à la pirogue.

L'horizon commençait à blanchir, des buées légères s'étalaient sur les eaux que piquaient encore les étoiles de lueurs tremblotantes, les perroquets jetaient déjà quelques notes discordantes, les martins-pêcheurs lançaient leur cri rapide, incisif, et les hippopotames repus regagnaient lourdement le plus profond du fleuve. Le jour allait paraître.

— Eh bien, demanda à voix basse Albert, sans souci de la rosée ruisselant en gouttes serrées de sa face et de ses habits, approchons-nous ?

— Impossible d'aller plus loin, monsieur Albert

— Pourquoi ?

— Le gavache, il veille certainement dans son chariot transformé en bateau et, à moins de risquer d'attraper un lingot de plomb...

— Es-tu bien sûr de l'endroit, au moins ?

— Je suis venu hier jusqu'ici. Tenez, la preuve que je ne me trompe pas, voyez cette liane, à laquelle j'ai fait un nœud.

— Et le dray de ce misérable se trouvait non loin d'ici ?...

— A cinq cents mètres environ !

— Cinq cents mètres !... Et me voir ici, incapable de rien tenter. Etre privés de nos armes, après avoir été immobilisés vingt-quatre heures par cet ignoble policier !

— Du calme, mon cher Albert, interrompit Alexandre de sa voix affectueuse. Nous avons miraculeusement échappé aux périls d'une situation désespérée, nous touchons au but. Je t'en prie, fais appel à ton énergie ; repose-toi quelques moments, car nous aurons avant peu besoin de toutes nos forces.

— Eh ! c'est cette immobilité qui me tue. L'angoisse me dévore.

— Pauvre ami, crois-tu que nous ne prenions pas une part fraternelle à ta peine, que ton infortune ne soit pas la nôtre ?

— Tiens ! vois-tu, je ne sais ce qui me retient d'arracher une branche d'arbre et d'aller me ruer comme un furieux sur cette prison où gémit la pauvre chère créature que je n'eusse jamais dû quitter.

— La douleur t'égare.

— Après tout, nous sommes cinq, et ce coquin est probablement seul.

— Nous sommes cinq, c'est vrai ; mais que peuvent nos mains désarmées, quelque vaillantes qu'elles soient, contre cette forteresse, dans laquelle notre ennemi se rirait de nos efforts inutiles ?

» Mais, avant d'avoir même accompli la moitié du trajet, le misérable nous aurait canardés à loisir...

— Et Mme Anna n'aurait plus personne pour la délivrer, interrompit fort judicieusement Joseph.

— Tandis que nous allons pouvoir, pendant le jour, reconnaître l'état des lieux, combiner notre expédition, dresser nos batteries et attendre la nuit pour opérer avec la certitude désirable.

» Notre nouvel ami l'Ingénieur nous a promis des armes. Zouga se rendra, un peu avant minuit, au lieu indiqué. Il opérera dans la pirogue son voyage d'aller et de retour. Nous l'attendrons à terre, le plus près possible du point où nous devons attaquer...

— Mais si l'Ingénieur ne peut pas remplir sa promesse, si un incident quelconque retarde le retour de Zouga ?

— Eh bien, il fera nuit. Nous aurons la suprême ressource de nous jeter sur le wagon, sans autres armes que des cailloux roulés par les eaux du fleuve, ou, comme tu le disais tout à l'heure, des branches arrachées aux arbres.

— Caraï, s'écria Joseph, vaincre ou mourir. Je ne connais que ça ! Vous aussi, n'est-ce pas, messieurs ?

» *Raje de Dios !...* Le Boer, je veux déchirer avec mes dents un morceau de sa peau, quitte à mourir enragé.

» Té ! voici le jour. Salut au soleil levant !

Un brusque mouvement de Zouga fit osciller violemment la pirogue, bientôt remise dans son aplomb par un habile coup de pagaïe.

Le Bakouéna poussait en même temps un sifflement étouffé pour inviter ses compagnons au silence.

— Qu'as-tu donc, mon camarade ? interrogea
Alexandre à voix basse.

— Pssstt !... fit de nouveau le noir en retirant du
fleuve sa pelle de bois, à laquelle il fit opérer un singulier mouvement.

Sans quitter le manche de l'instrument, il dirigeait la partie plane horizontalement sur les eaux,
comme s'il eût voulu arrêter au passage un objet
invisible.

Cet objet, que les Européens ne pouvaient distinguer, n'avait pu, quelle que fût sa ténuité, échapper
aux regards du sauvage. L'homme-alligator connaissait à ce point les cours d'eau de son pays, son
œil était si bien adapté à la configuration de toutes
les choses susceptibles d'être entraînées par eux,
qu'il avait aperçu, de prime abord, un corpuscule
d'aspect inusité tournoyant dans le remous.

Ses compagnons, pleins de confiance dans son instinct d'enfant de la nature, le laissaient faire, connaissant l'importance acquise, en de semblables
conjonctures, par un indice en apparence insigni-
fiant.

— Ah !... fit Zouga, joyeux, en levant doucement
sa pagaïe, qu'il tendit à Alexandre.

» Tiens, vois, continua-t-il en désignant au jeune
homme un lambeau blanchâtre, très mince, un peu
plus grand que l'ongle, aux bords irréguliers, et qui
resta adhérent au bois presque aussi noir que
l'ébène.

Alexandre saisit la pagaïe, décolla facilement la
« chose » si bizarrement retirée du fleuve, l'examina
curieusement, la tourna, la retourna, la saisit déli-
catement entre le pouce et l'index et ne put retenir
une exclamation de surprise.

— Eh bien ! demanda Albert, intrigué.

— Inouï !... C'est inouï, murmurait Alexandre,
sans répondre à la question de son ami.

— Cela me semble un morceau d'aile de papillon
blanc, reprit le jeune homme.

— Ou encore un morceau de papier à cigarette, interrompit étourdiment Joseph.

— Mon cher camarade, répondit Alexandre. il y aurait quatre-vingt-dix-neuf à parier contre un qu'Albert a raison. Car si les ailes des lépidoptères ne sont pas rares en pareil lieu, le papier, fût-il du papier à cigarette, est une denrée passablement inusitée, non seulement sur les bords d'un fleuve de l'Afrique australe, mais encore dans les eaux de ce fleuve.

» Et, pourtant, quelque invraisemblable que paraisse le fait...

— J'ai deviné, n'est-ce pas ?

— Vous vous êtes trompé sur la destination de l'objet, sinon sur sa nature.

— Ainsi, c'est bien du papier.

— J'en suis absolument sûr. Ce lambeau détrempé a été déchiré dans un feuillet de livre de petit format.

— Donne, dit Albert d'une voix brève et en manifestant les signes d'une vive émotion.

» C'est vrai. Ton instinct de chercheur de piste, qui se développe de jour en jour, au point de me stupéfier, ne t'a pas trompé. Ce morceau de papier porte de chaque côté des chiffres imprimés et encore visibles, bien que la pâte soit détrempée. Les nombres formés par ces chiffres se suivent. D'un côté, je lis 120, de l'autre, 121. Ils indiquent la pagination d'un livre au recto et au verso d'une feuille. Ce fragment a donc effectivement pour origine la page d'un volume. Ce volume, comme tu l'as dit, est de petit format, parce que le chiffre est très peu éloigné d'une lettre indiquant la fin de la première ligne, et, de l'autre, il est à peine distant d'un centimètre des côtés formant un triangle.

— Bravo ! J'ai vaguement entrevu tout cela, mais tu le détailles de façon à rendre toute erreur impossible.

— Je vais plus loin, reprit Albert en jetant de toutes parts des regards perçants, c'est qu'il doit s'en trouver d'autres dans un périmètre assez rapproché.

» Tu m'as compris, n'est-ce pas ?

— Peut-être. Mais, en somme, ce n'est qu'une présomption.

— Qui, pour moi, est une certitude. Pour qu'un morceau de papier suive le cours des eaux du Zambèze, qu'il soit assez peu désorganisé pour qu'on en reconnaisse la nature, il faut qu'on ait eut intérêt à l'y jeter, et cela depuis peu.

— Depuis peu, je le veux bien, mais dans quel intérêt ? Pour quel motif ?

— Vous avez raison, monsieur Albert. Je comprends maintenant et nous devons bénir la sagacité de notre guide.

» C'est l'histoire du petit Poucet, avec cette différence que des morceaux de papier remplacent ici les petits cailloux.

— Parbleu !

— D'accord, reprit Alexandre. Je partage votre espoir à tous deux, bien qu'il puisse paraître illusoire. Mais je serais heureux de retrouver au moins un autre de ces morceaux.

— Cherchons. Voyons, mon ami, je m'accroche à cette dernière espérance. Anna est près de nous, j'en suis sûr. Mon cœur me le dit. La chère enfant, connaissant le but et le lieu de notre voyage, doit être instruite de notre présence. C'est elle, j'en suis certain, qui a semé sur sa route ces frêles indices de son passage, espérant qu'ils ne nous échapperaient pas.

» Le dray du Boer est, nous dit Joseph, à cinq cents mètres en amont de la broussaille qui nous abrite. Le courant a dû porter jusque-là les fragments arrachés par Anna.

On entendit à ce moment le bruit sourd d'un corps tombant à l'eau. Zouga, devinant les paroles de son ami le chef blanc, venait de plonger à pic pour reparaître doucement de l'autre côté de l'épais enchevêtrement de lianes et de branchages. Son absence fut courte. Sa bonne face noire émergea bientôt au ras de la pirogue, dans laquelle il se hissa lestement. Un vaste sourire dilatait sa bouche, qui s'ouvrit plus largement encore pour laisser passer trois petits lambeaux de papier recueillis par lui au milieu des flocons d'écume.

Il les étala sur la paume de sa main et les trois amis purent constater que deux d'entre eux s'adaptaient parfaitement l'un à l'autre, comme les dentelures d'un jeu de patience.

— Et bien, s'écria nerveusement Albert, n'avais-je pas raison ? Es-tu enfin convaincu ?

— Autant qu'heureux de voir tes prévisions réalisées, mon cher ami. Ah ! pardieu, nous ne marchons plus en aveugles et nous allons tailler ce soir une rude besogne au bandit.

— Ce soir ! Comme les heures vont être longues à venir ! Non, jamais je ne pourrai attendre jusque-là.

» Tiens, écoute-moi. Il faut un aliment à l'inquiétude qui me dévore. La rive est boisée. Je sais me couler dans la forêt comme un reptile en chasse. La marche à travers les herbes et les broussailles m'est à ce point familière que je défie un Peau-Rouge de l'exécuter mieux que moi.

— Tu vas commettre une folie.

— Oui, Mais une folie raisonnable, qui m'empêchera de me ronger ici les poings et de me tourner le sang pendant toute la journée.

» Je vais partir accompagné du Bushman, qui portera son arc et ses flèches. Au moindre événement suspect, je me replierai jusqu'ici. Va, ne crains rien, je serai prudent. Tu sais bien qu'il faut que je vive et je ne veux pas compromettre mon existence, trop précieuse pour la liberté de la chère prisonnière. Je vais donc opérer une reconnaissance du côté du wagon. Je mettrai deux heures à accomplir ce trajet de cinq cents mètres et autant pour revenir. Ces quatre heures d'activité me calmeront et je m'arrangerai de façon à rendre mon excursion fructueuse.

» Encore une fois, sois sans inquiétude. Je réponds de tout.

Alexandre et Joseph savaient qu'il était impossible de déloger une idée incrustée dans le crâne de fer de leur ami. Ils durent acquiescer, bon gré mal gré, et le laisser partir avec son sauvage compagnon.

Deux heures environ s'étaient écoulées et le Catalan, accroupi à l'avant de la pirogue, essayait vainement de sommeiller en attendant le retour de son frère de lait. L'angoisse le tenait éveillé en dépit de la fatigue produite par les vaillants efforts accomplis pendant la nuit et la journée précédentes.

— Allons, disait-il en chassant les moustiques acharnés à son épiderme, M. Albert doit penser bientôt au retour.

Alexandre tressaillit soudain en entendant un bruit de branches froissées comme par la brutale trouée d'un fauve. Sa première pensée fut que son ami était en péril. Il allait bondir sur la rive et s'élancer sur sa piste, quand Albert apparut, les yeux hagards, la face et les mains lacérées par les épines, les habits en lambeaux.

Alexandre, pressentant une catastrophe, n'osa tout d'abord l'interroger.

La douleur du malheureux jeune homme éclata soudain en un sanglot déchirant.

— Le wagon est là... vide !... abandonné. Je n'ai plus trouvé de traces !... Rien !...

CHAPITRE V

Comme feu son compatriote Marlborough, Sam Smith s'en « va-t-en guerre ». — Vaincu sans combat. — Ivrognerie et diplomatie combinées. — Le bushranger songe à fonder la raison sociale Sam Smith and Cº. — Trois empreintes humaines. — Aventures dramatiques de James Willis. — Emanations d'acide formique. — Disséqué tout vif. — Un peu noyé. — Que peut bien devenir un homme qui exécute un plongeon dans la faille de la cataracte Victoria.

L'étoile de Sam Smith, après avoir jadis brillé d'un vif éclat, était bel et bien en passe de devenir une simple nébuleuse. Le bushranger, en véritable philosophe, n'hésita pas à se faire à lui-même cet aveu, dépouillé d'artifice, que décidément l'Afrique australe ne valait plus rien pour lui, en voyant qu'il était, comme on dit vulgairement, brûlé même chez les indigènes. En effet, sa rencontre inopportune avec les trois Français, au moment où il conduisait les Batokas contre les Makololos, eut pour résultat de le compromettre d'autant plus qu'Alexandre venait, avec l'entremise de Guu, le fils de Magopo, de réunir, par un pacte d'alliance, les deux peuplades ennemies.

Les noirs en général, et ceux de l'Afrique australe en particulier, oublient volontiers les engagements contractés entre eux ou vis-à-vis des étrangers, quand ces engagements sont relatifs aux actes habituels de l'existence. Mais ils se montrent généralement de rigoureux observateurs de la foi jurée, lorsqu'il s'agit d'un traité solennellement passé, surtout après exécution du formulaire usité en pareil cas et exhibition des naïfs emblèmes de leurs grossières superstitions. Or, on avait enterré les pointes des flèches et de sagaies avec les balles et la poudre, le rameau de paix avait été planté sur la fosse et, de plus, Gun était encore nanti du *Polouma*, ce fétiche redoutable qui confère l'inviolabilité la plus absolue. C'était plus qu'il n'en fallait pour rendre amis Seshéké et Magopo, les chefs des nations rivales. Les deux noirs ne furent d'ailleurs pas longtemps à s'apercevoir qu'il y avait entre eux un malentendu qu'il fallait éclaircir, en buvant, naturellement.

C'est en vain que Sam Smith, désireux de faire parler la poudre et de tirer son épingle du jeu en excitant les deux partis l'un contre l'autre, proférait de bruyants appels aux armes. Magopo, désabusé, commençait à le regarder de travers, et, n'eût été le respect que les riverains de cette partie du Zambèze professent pour les blancs, sa vie eût couru un danger pressant. Le monarque Batoka, se rendant compte de la faiblesse numérique de ses guerriers, ne se sentait pas d'aise, en constatant l'heureux résultat de la négociation entreprise à son insu par son fils. Il voyait en outre pacifiquement alignés en bataille une superbe rangée de paniers pleins de *boyaloa* (bière cafre) et, devant cet énorme régal des yeux précédant celui de l'estomac, le digne chef ne pouvait plus ressentir la moindre animosité.

Puis, la possession du Polouma, toujours aux mains de Gun, attestait plus que tout au monde la loyauté des intentions des Makololos. Seshéké, de son côté, fatigué des combats, ne demandait pas mieux que d'apporter une trêve à ces luttes, où ses guerriers, bien que victorieux, étaient cruellement décimés. Enfin, il professait, ainsi que Magopo, une sincère affection pour Alexandre. Il ne fut pas longtemps à édifier son nouvel allié, qui ne demandait pas mieux, sur la personnalité du bushranger. Magopo comprit bien vite qu'il avait été le jouet d'un imposteur et son ressentiment s'accrut d'autant plus que cette erreur était un rude échec pour son orgueil. Avoir cru s'attacher comme auxiliaire un de ces blancs intrépides et loyaux, semblables au vénérable Daoud, et ne posséder que la contrefaçon du chef si vaillant, si désintéressé, auquel il devait la vie, il y avait là de quoi tourner la bile au moins impressionnable des Cafres.

Une série de réflexions, faites en un moment, achevèrent d'éclairer Magopo et de compromettre entièrement Sam Smith. Alexandre apaisait à tout prix les rivalités entre noirs, il était sobre, n'acceptait pour sa nourriture que le strict nécessaire et ne faisait jamais allusion au trésor des rois cafres. Smith, au contraire, excita tout d'abord les Batokas au combat et offrit ses services à Magopo. Il buvait en outre comme un gouffre, s'empiffrait comme un véritable Anglais et assaillait le chef de propos relatifs aux diamants des Barimos.

Non, décidément, un tel homme n'avait de commun que les traits du visage avec celui qu'ils appelaient le chef blanc. Son épiderme allait lui sauver la vie, mais il était urgent de lui interdire l'accès du kotla et de le renvoyer poliment à ses propres affaires. Le temps pressait. La bière allait s'échauffer dans les paniers ; les guerriers, piqués de la tarentule tropicale, sentaient dans leurs mollets des chatouillements précurseurs d'entrechats fantastiques ; il fallait en finir.

L'affaire ne traîna pas en longueur. Mr. Smith, en voyant le vide se faire tout à coup autour de lui, comprit que la partie était perdue. Ses alliés, tout entiers à la fête qui se préparait, le lâchaient sans plus de façon. Il sentit que la moindre résistance lui serait fatale, en interceptant les regards chargés de haine que lui lançaient les guerriers s'engouffrant pêle-mêle dans la brèche pratiquée à la palissade du kotla. Il affecta une sérénité qu'il était bien loin d'éprouver en contemplant la ruine de ses espérances, puis, trop heureux d'en être quitte à si bon compte, il tourna noblement les talons dans la direction du fleuve.

— Après tout, se dit-il, comme fiche de consolation, je n'ai pas tout à fait perdu ma journée. J'ai vendu ma carabine un prix raisonnable à ce Français.

» Eh !... eh !... je deviens un honnête négociant. Est-ce qu'un commerce « loyal » ne vaudrait pas mieux que mon industrie aujourd'hui si compromise ?

» Il faudra voir. Plus tard, car je n'ai pas encore joué mon va-tout. Cet imbécile de nègre m'en a dit assez relativement à ce trésor, dont le souvenir me met le feu aux tempes, et je ne désespère pas de le trouver, car, en somme, ses indications ne manquaient pas d'une certaine précision.

» A propos, me voici sans armes. Il me faut retourner à ma cachette et me munir du superbe express-rifle de Greener que j'ai emprunté jadis à cet explorateur anglais.

» Puis, je verrai à commencer sérieusement mes recherches. Malheureusement, je suis seul. Pour la première fois, peut-être, je déplore cette unité d'action qui jusqu'à présent a fait ma force. Si j'avais pu trouver trois associés, comme ces Français ! A nous quatre, nous nous fussions taillés un royaume ! Mais, voilà, ces gentlemen sont perdus de préjugés.

» Tiens !... mais, j'y pense... Les Boers !... Voilà des gaillards qui ne sont pas en nourrice chez les illusions. Diable ! l'affaire mérite une sérieuse réflexion. Mes drôles sont dans le voisinage, en quête de quelque bon coup à faire. Il s'agit de les joindre. C'est possible. Ils sont malheureusement sous la coupe de ce gredin de James Willis, que j'ai bien reconnu, sous sa lévite de prédicant. Je me demande ce qui peut motiver cette singulière association ?

» Dans tous les cas, je dois supprimer le James Willis. Depuis longtemps, le coquin a mérité de périr par ma main. Ma vengeance est mûre, quand bien même l'intérêt ne m'ordonnerait pas de le faire disparaître. Lorsque mes lourdauds seront soustraits à l'influence de ce diable incarné, je ferai d'eux ce que je voudrai.

» Allons, voilà qui est bien. En route pour mon entrepôt. Puis, nous verrons à fonder la raison sociale Smith and C°.

» Master Smith, *go ahead !*

Les projets du misérable furent favorisés par un bonheur insolent. Il revenait de s'équiper de pied en cap à la mystérieuse cachette habilement dissimulée non loin des cataractes, et à laquelle il confiait le produit de ses vols, quand il trouva, sur les terres d'alluvion bordant le Zambèze, des empreintes devant lesquelles il s'arrêta tout net.

Il poussa un juron sonore et se mit à rire à gorge déployée. Toute méprise était impossible. Trois traces, parfaitement distinctes, descendaient perpendiculairement au fleuve. Deux d'entre elles eussent signalé, à l'œil de l'observateur le moins clairvoyant, le passage de mastodontes humains sur la nature desquels on devait être aussitôt édifié. La longueur inusitée des enjambées, les dimensions énormes des dépressions formées par les pieds et dans lesquelles on eût pu loger une boîte à violon, la profondeur de ces dépressions, tout concourait à indiquer chez les possesseurs de ces bases de sustentation un poids et un volume tout à fait hors de pair. La troisième, infiniment plus réduite dans ses proportions comme dans son écartement, appartenait évidemment à un homme de moyenne grandeur habitué à trotter menu plus encore que sa taille ne paraissait le faire présumer.

— Les deux Boers, murmura Smith en reprenant sa marche, et James Willis, ajouta-t-il d'une voix sourde, pendant qu'un pli cruel balafrait son front entre ses sourcils contractés.

» Le coquin n'a jamais pu modifier son allure, depuis qu'il a exécuté son cavalier seul sur les palettes du *Tread-Mill.*

Le bushranger, une fois édifié sur la direction prise par les trois personnages qu'il n'espérait pas trouver aussi facilement, suivit les pistes et arriva près du fleuve. Un bruit de voix lui fit dresser l'oreille.

— Mes gaillards sont là, murmura-t-il, sur cette presqu'île dont l'isthme a été submergée par l'inondation.

» Quels piètres coureurs d'aventures ! A-t-on jamais vu de pareils imbéciles, qui vocifèrent de la sorte, sans seulement paraître se douter que la parole, ainsi répercutée sur un cours d'eau, est entendue à d'incroyables distances.

» Après tout, je n'ai pas à m'en plaindre. Mon bateau n'est pas loin. Il suffira de donner prudemment quelques coups de pagaies et de tomber comme une bombe au beau milieu de l'entretien.

» L'essentiel est de faire une entrée appropriée aux circonstances, de frapper un grand coup et de ne pas rater mon effet.

On a vu précédemment comment Smith sut habilement exploiter la situation, la façon dont il surprit le secret des trois compagnons et la manière cruellement originale dont il se venga de son ennemi, après avoir conquis, à grands coups de poing, la sympathie des Boers.

Cornélis, Pieter et leur nouveau patron, s'apercevant de la disparition de la pirogue, ne s'amusèrent pas longtemps à de stériles récriminations. Se sentant épiés et menacés d'un danger d'autant plus grand qu'ils en ignoraient la nature, ils firent chacun un paquet de leurs armes et de leurs munitions, les assujettirent sur leurs têtes et se mirent doucement à l'eau. Quelques minutes après, ils abordaient sans encombre à la rive, laissant le Révérend étranglant sous son bâillon, congestionné par la fureur et tout meurtri du contact des branches entre lesquelles il se trouvait enserré. Bien qu'il se vît perdu, le misérable tâcha de disputer un dernier lambeau d'existence à la mort, qu'il sentait venir lentement. Si l'arrivée dramatique du bushranger l'avait plongé dans une stupeur inconcevable chez un tel homme, il avait, en dépit de l'horreur de sa situation, recouvré son sang-froid depuis le départ de son ennemi. Il allait, sans désemparer, tenter d'arracher ses membres des entraves qui en écrasaient les chairs, en usant de ces procédés souvent expérimentés pendant sa longue existence de forçat, quand un crépitement très faible, mais continu, vint réveiller ses terreurs.

Ce bruit singulier se produisait au pied même de l'arbre sur lequel Smith l'avait lissé, et son esprit, affolé de nouveau, évoqua le spectacle sinistre d'une invasion de serpents. Mais, non, les écailles des reptiles produisent sur les écorces un froissement particulier n'ayant aucune analogie avec ce qu'il entendait. En même temps, une odeur pénétrante, toute particulière, montait lentement du sol, et saturait les couches d'air imprégnées d'humidité.

Cette odeur fut une révélation pour le Révérend, qui reconnut aussitôt les émanations de l'acide formique, produit en quantité notable par certaines espèces de fourmis. Il frémit aussitôt en pensant au sort terrible qui l'attendait, s'il devait subir l'attaque des féroces hyménoptères. Non pas que l'acide qu'elles produisent soit dangereux, mais la plupart de celles qui habitent l'Afrique sont horriblement voraces, et leur nombre incalculable les rend particulièrement dangereuses. On a vu des animaux de forte taille, et jusqu'à des éléphants blessés qui, se trouvant sur le passage d'une colonne de fourmis, ont été, en une nuit, dévorés par des millions de mandibules, au point de ne plus laisser qu'un squelette aussi net que ceux des musées anatomiques.

Le Révérend n'ignorait pas cette particularité. La force des émanations lui indiquait la quantité innombrable des insectes se mouvant dans l'ombre ; son horreur fut à son comble en pensant qu'il allait être disséqué tout vif.

Ne croyez pas, d'ailleurs, qu'il y ait dans ces faits la moindre exagération. Le docteur Livingstone a souvent rencontré de grosses fourmis, entièrement noires, auxquelles les indigènes donnent le nom de *leshonya*, et qui atteignent les dimensions de vingt-cinq millimètres ! Que l'on pense aux ravages pouvant être opérés par une armée compacte de leshonyas, couvrant parfois un espace de terrain long de trois ou quatre cents mètres et large de cinquante, et l'on pourra se faire une idée de la terreur éprouvée par le misérable James Willis.

Un rugissement étouffé lui échappa soudain, sous le bâillon qui l'étranglait, en sentant ses jambes envahies par des milliers de pattes agiles. Puis un de ses pieds fut le siège d'une douleur lancinante, rapide comme celle que produirait la morsure d'une tenaille d'acier. Un lambeau de sa peau venait d'être arraché, la curée commençait.

Le Révérend se tordit furieusement et contracta jusqu'à les briser, ses membres endoloris par les liens dont les nœuds inextricables avaient été combinés par Smith, auquel son ancienne profession de marin donnait une habileté particulière.

Les fourmis, excitées par le sang qui commençait à couler, multipliaient leurs attaques, et déchiraient avec la même voracité le cuir des chaussures, les chairs et les habits qui les couvraient. Le bandit fut en quelque sorte pris d'assaut par un essaim mouvant qui le couvrit de la tête aux pieds. Sa face, protégée par le bâillon, allait, avant peu, être mise en lambeaux ; sa langue, ses joues, ses yeux allaient, pour ainsi dire, être émiettés, sans qu'il pût se soustraire à ces mandibules affairées qui le tenaillaient sans relâche.

La vengeance de Sam Smith allait-elle avoir cet épilogue épouvantable ? D'un geste machinal et pour reculer, inconsciemment, cet instant fatal, James Willis rejeta vivement sa tête en arrière et ramena, par un mouvement qui fit craquer ses articulations, ses deux mains garrottées devant sa face. Pendant une minute, les fourmis attaquèrent avec fureur cette masse qui s'interposait entre leurs mâchoires et cet épiderme plus délicat dont elles étaient avides de se repaître.

Tout à coup, le Révérend poussa un cri farouche, en sentant ses poignets dégagés de leurs entraves. Il n'y avait pas d'illusion possible ; ses deux bras venaient de reconquérir leur liberté d'action. La voracité des insectes avait accompli ce que les plus violents efforts n'eussent pu réaliser. Toutes ces tenailles animées avaient, en un moment, réduit en étoupe les lanières formant les menottes du supplicié.

Se voyant à moitié libre, il ne pensa plus qu'à arracher son bâillon, à dégager ses jambes et s'élancer dans le fleuve. Qu'importait la rencontre probable des caïmans, des hippopotames, des requins d'eau douce ou des serpents d'eau. L'essentiel était, pour lui, de se soustraire au plus vite à cette effroyable torture.

Il n'eut pas le temps de donner à ce projet un commencement d'exécution. L'arbre, sur la fourche duquel il était comme encastré, miné par l'inondation, oscilla violemment et s'écroula avec fracas.

Cet arbre, placé à l'extrême pointe de la langue de terre, portait une couronne touffue sur un tronc de moyenne grosseur. Sa chute fut provoquée sans doute par les efforts du misérable, qui complétèrent l'action désorganisatrice des eaux. Par un hasard inouï, prodigieux, les branches tombèrent dans le lit du fleuve et perpendiculairement au courant. Ce plongeon brutal eut pour résultat de soustraire tout d'abord le Révérend au supplice atroce qu'il subissait. Son premier soin fut de se hisser, à la force des poignets, à une branche qu'il étreignit machinalement, afin d'éviter l'asphyxie. Enfin débarrassé de ce cauchemar horrible, soulagé par cette immersion bienfaisante, et osant à peine croire à tant de bonheur, il s'aperçut bientôt, avec terreur, que l'arbre, saisi par le courant, dérivait lentement d'abord, en tournoyant, pour s'avancer de plus en plus dans la direction des cataractes.

Il arracha brusquement son bâillon et poussa un ignoble blasphème. Tout en se répandant en imprécations furieuses, il ne restait pas inactif, et, cramponné d'une main à sa branche, il tentait d'enlever, avec l'autre, les liens enserrant ses pieds. Au cas où

il aurait pu réussir, il avait pour dernière ressource
d'essayer de couper le Zambèze en diagonale, ou
de s'échouer sur un des îlots encombrant le lit du
fleuve.

Décidément, la malchance s'acharnait après lui.
Car si, d'une part, les fourmis, inconscientes et capricieuses libératrices, avaient laissé ces liens dans
leur intégrité, d'autre part, le contact de l'eau les
avait à tel point resserrés qu'il devenait absolument
impossible d'en défaire les nœuds. Et le Révérend,
désarmé par le bushranger, ne possédait même pas
un couteau de poche pour les trancher. Enfin, pour
comble de déveine, les îlots submergés par la crue,
avaient totalement disparu, et James Willis perdait
tout espoir de voir son arbre s'accrocher à l'un
d'eux.

Pendant ce temps, la vitesse du végétal, devenu le
jouet des flots, croissait de minute en minute et
atteignait des proportions vertigineuses. Il pénétra
bientôt dans la région des brisants et se mit à osciller, à tanguer, à rouler follement. Arrivé près de la
lèvre supérieure de la cataracte, il s'arrêta un moment, pivota deux ou trois fois, fut pris dans un
remous, obliqua, fut saisi par un contre-courant, fila
comme une flèche dans un canal latéral et disparut
dans la faille. Le Révérend, aux trois quarts asphyxié par ces plongeons successifs, assourdi par le
tonnerre des flots, glacé d'épouvante en percevant
vaguement que l'instant fatal était arrivé, ferma les
yeux et s'évanouit en se sentant rouler dans l'abîme.

CHAPITRE VI

L'organisme humain, si fragile dans ses éléments essentiels, au point que souvent l'incident le plus futile suffit à l'anéantir, possède parfois une vitalité réellement stupéfiante. Si un vulgaire courant d'air produit une pneumonie mortelle, on a pu voir des soldats frappés d'une balle en pleine poitrine, traversés de part en part, guérir sans complications et conserver plus tard une santé florissante. Un choc léger, une simple chute sur la tête amènent des congestions se terminant fatalement par la mort, quand d'autre part des éclats de mitraille, broyant une partie de la boîte cranienne, ont mis à nu le cerveau sans faire périr les victimes de ces terribles mutilations. On pourrait multiplier les exemples à l'infini, sans empêcher pour cela le lecteur d'être étonné en apprenant que le Révérend, étranglé par Sam Smith, étouffé sous son bâillon, déchiqueté par les fourmis, noyé au moment où l'arbre qui le portait s'abîma dans le Zambèze, et roulant, pour terminer la série, du haut de la cataracte Victoria dans la faille où s'engouffre le fleuve, se trouva, au matin, jouissant de toute la plénitude de l'existence. Logiquement, le misérable devait être assommé par la colonne d'eau, puis broyé sur les roches basaltiques à travers lesquelles elle s'élance avec un fracas assourdissant. Il échappa miraculeusement à cette double alternative et fut vraisemblablement le premier être humain qui traversa vivant le lieu où s'élève en un tonnerre formidable la voix des Barimos.

L'incident, grâce auquel l'aveugle destinée épargna l'existence du bandit, était en vérité bien banal. On se souvient que les liens étreignant ses jambes, ayant été plus étroitement encore resserrés au contact de l'eau, il ne put délier les nœuds et se cramponna désespérément à son arbre, avec l'inconsciente énergie des noyés. Ce qui devait amener sa perte assura son salut. L'arbre, ainsi que nous l'avons déjà dit, s'enfila dans une des cascades latérales séparées par des roches de la chute principale et tomba comme dans un puits, au fond duquel tourbillonnaient les flots avec de rauques rugissements. Son épaisse couronne, formée de branches solides, protégea le corps du Révérend contre le contact immédiat de la muraille basaltique et l'empêcha d'être réduit en bouillie. Ce n'est pas tout. Cette muraille, au lieu d'être à pic ou même en surplomb, comme la plupart de ses voisines, offrait un plan légèrement incliné, dans lequel bâillait une ouverture irrégulière, large de près de trois mètres et dont il était impossible de soupçonner l'existence, à moins d'accomplir l'exercice gymnastique auquel venait, bien à contre-cœur, de se livrer James Willis.

Par un hasard invraisemblable, la couronne feuillue, précipitée avec une force irrésistible par la colonne d'eau, fut projetée juste devant cette ouverture qu'elle obstrua un moment. Puis, le végétal tout entier retomba, la racine en l'air, au fond de la faille. Il y eut, au moment précis où l'arbre fouettait l'entrée de la caverne, un léger temps d'arrêt qui amena une décomposition de force. En raison de cette modification, les mains du bandit lâchèrent les branches qu'elles étreignaient et son corps, obéissant aux lois de la pesanteur, continua la parabole suivie précédemment par l'arbre. Cette parabole le conduisit au beau milieu de l'antre obscur béant à peu près à mi-chemin du fond de la chute. Il resta étendu jambes de-ci, tête de-là, sur un sol noirâtre formé de blocs irréguliers.

Sa syncope fut longue et, quand il s'éveilla, trempé par les poussières aqueuses formant dans la grotte un épais embrun, le soleil faisait étinceler la cataracte comme une énorme coulée de métal. Nous laissons à l'ingéniosité du lecteur la faculté de deviner quelles durent être les pensées du misérable en se trouvant si inopinément au nombre des vivants, sa joie, son étonnement, sa stupeur. En un moment, les dramatiques événements de la nuit se présentèrent devant ses yeux, avec toute leur lugubre intensité, puis il se rappela l'instant où il s'évanouissait, en entendant mugir au-dessous de lui la colonne d'eau qui l'entraînait. Il refit lentement la synthèse des événements probables qui l'avaient amené en ce lieu et, somme toute, ses prévisions se trouvèrent pleinement réalisées.

Mais pour avoir échappé à un danger terrible, il n'était point à l'abri de nouvelles éventualités. C'est la réflexion qu'il se fit aussitôt avec autant d'inquiétude que d'à-propos.

— Voyons, se dit-il, en essayant péniblement de s'asseoir, il faudrait aviser aux moyens de m'échapper d'ici.

» Habitant des cataractes Victoria, ce n'est pas une position sociale, et ce séjour n'est rien moins que confortable. Commençons d'abord par inspecter notre nouvelle demeure.

» Il serait temps, en outre, de débarrasser préalablement mes jambes des entraves que ce gredin de Smith a multipliées comme à plaisir. En voilà un qui fera bien de ne jamais passer à ma portée, si j'ai le bonheur de remonter là-haut !

» Ces morceaux de roche noire feront bien mon affaire. Dans quelques minutes, j'aurai sur eux usé mes liens, puis je commencerai mon voyage d'exploration.

Il essaya de casser un de ces fragments en le heurtant rudement sur le sol, mais, à son profond étonnement, il s'éparpilla en miettes. Les prétendus rochers étaient des blocs de charbon de terre.

— Sacrebleu ! s'écria-t-il tout joyeux, est-ce que je me trouverais dans un boyau d'une de ces anciennes mines de houille exploitées jadis par les Portugais ?

» Mais alors, je serais sauvé. Avant peu, je pourrais retrouver la galerie principale qui doit affleurer le sol.

Une rapide inspection des lieux lui démontra son erreur. La grotte ne présentait aucune trace de travail humain. C'était une sorte de fissure produite vraisemblablement grâce au glissement d'une partie des terres ravinées inférieurement par l'action séculaire des eaux. Le banc de houille, moins résistant que les éléments voisins, avait naturellement cédé en formant une coupure large d'environ deux mètres.

Renonçant à trouver un morceau de basalte, il se mit incontinent à dénouer ses entraves et, s'armant de patience, il y parvint non sans se retourner les ongles et sans proférer une violente série de jurons.

— Et maintenant, en avant ! dit-il après avoir laissé à son sang le temps de reprendre sa circulation.

Il s'avança, en tâtonnant la muraille de droite, car l'obscurité devint bientôt complète. Peu à peu, le grondement de la chute s'affaiblit et il ne perçut plus qu'un ronflement continu faisant vibrer les parois de sa noire prison. Dans la crainte de rouler dans une excavation béante sous ses pas, il ne portait la jambe en avant qu'après s'être assuré de la continuité du sol, ainsi que de sa solidité. Il accomplit de la sorte un trajet d'environ cent mètres, non sans une extrême fatigue, eu égard aux infinies précautions qu'il lui fallait prendre, ainsi qu'aux difficultés rencontrées à chaque pas. On comprend en outre qu'après une telle série de vicissitudes son corps ne devait plus posséder la vigueur dont il avait jusqu'alors fait preuve.

Il avançait toujours machinalement, presque sans espoir et comme poussé par un impérieux besoin de s'éloigner au plus tôt de l'abîme grondant derrière lui. La galerie naturelle, aux anfractuosités de laquelle il se heurtait à chaque pas, en dépit des précautions qu'il prenait, fit tout à coup un brusque crochet, et un soupir de soulagement échappa au misérable en apercevant, dans le lointain, une lueur blanchâtre tombant à pic sur le sol de la caverne. La lumière, c'était presque la vie ! Il marcha encore pendant un temps qui lui sembla horriblement long, puis il se trouva dans une rotonde spacieuse, sorte d'oubliette creusée naturellement dans la veine de charbon et recevant le jour par un conduit circulaire, au sommet duquel un coin du ciel se découpait en bleu foncé. Un faisceau de lumière assez intense pénétrait par cette espèce de cheminée, haute de près de dix mètres et large de deux environ. Ses yeux, habitués à l'obscurité, purent, grâce à la conformation particulière de ce conduit, inventorier jusqu'aux moindres recoins de ce singulier réduit.

Le Révérend eut comme un éblouissement. Quoique les derniers incidents de sa vie aventureuse eussent dû le mettre en garde contre les manifestations de l'imprévu, il fut littéralement stupéfait. Mais cette stupéfaction n'avait rien que de joyeux, car, quelles que pussent être les exigences du reclus, jamais il n'eût osé espérer pour elles une satisfaction aussi complète. Il était encore prisonnier, mais quelle prison plantureuse lui donnait le hasard ! Jugez-en plutôt.

Ce qui frappa tout d'abord son regard, fut une superbe collection d'armes symétriquement rangées le long de la paroi parfaitement sèche, grâce au système de ventilation produit par la conformation de ce retiro mystérieux. Quelques carabines, au canon bronzé, alignaient leurs profils sévères sur la muraille noire. Il y avait des martini-henry, des winchester-express, des wetterli à répétition, en un mot des spécimens accomplis de l'art contemporain, dans la confection desquels l'arquebuserie semble avoir dit son dernier mot. Les armes de chasse étaient aussi dignement représentées par les fusils à percussion centrale, au milieu desquels apparaissaient modestement des fusils à piston, dont les mérites ne sont pas à dédaigner quand l'approvisionnement de cartouches fait défaut. Les munitions, soigneusement classées par catégories, étaient emballées dans des morceaux de prélart goudronné, de façon à braver des variations atmosphériques fort improbables en pareil lieu.

A côté de ces redoutables instruments de défense et d'attaque, bien enduits d'une couche de graisse, le Révérend aperçut, avec une joie inexprimable, une série de petites caisses contenant, soit du biscuit, soit du tabac, soit des conserves alimentaires variées, enfermées dans des boîtes d'étain ornées de leurs étiquettes multicolores. Puis, des habits de toutes sortes : vareuses de laine bleue, pantalons de même étoffe, chemises de flanelle, bottes à l'écuyère paraissant destinées à chausser des capitans, humbles souliers de piéton, chapeaux de feutre, et jusqu'à des casques insolaires. Puis des couteaux, des sabres d'abatis, des haches, des harnachements complets pour les chevaux, jusqu'à des boussoles, des montres, de l'argenterie et des nécessaires de toilette !...

Le mystérieux organisateur de ce bazar souterrain devait être non seulement un collectionneur émérite, mais encore un homme comprenant merveilleusement le confort. Dans une sorte de niche, se trouvait, en effet, un monceau d'épaisses fourrures devant former un lit moelleux, auquel le sybarite le plus convaincu n'eût rien trouvé à redire

James Willis, émerveillé, contemplait, avec un étonnement toujours croissant, ces trésors qui, dans sa situation actuelle, étaient pour lui d'un prix inestimable. Quelque peu superstitieux qu'il fût, il eût volontiers admis l'intervention d'une puissance surnaturelle, ou, tout au moins, la possibilité d'un cauchemar produit sur son esprit ébranlé par les lugubres événements de la veille.

Mais non, la réalité s'offrait à ses yeux sous des formes matérielles dont ses sens ne pouvaient suspecter l'indéniable évidence. Après avoir touché, palpé, inventorié ces objets si disparates, et s'être bien convaincu que la fantasmagorie n'était pour rien dans cette incroyable aventure, il allait, sans plus tarder, procéder à l'ouverture d'une boîte de corned beef, quand son regard tomba sur une légère dépression du sol. Cette dépression, de forme circulaire, semblait indiquer que la couche de charbon avait été récemment remuée en cet endroit.

Phénomène étrange : cet homme mourant de faim et dont l'unique désir, après une copieuse restauration, dont il possédait tous les éléments, eût dû être de se jeter sur le lit, pour goûter quelques heures d'un sommeil réparateur, cet homme, réduit naguère à la plus affreuse nécessité, n'eut plus qu'une pensée : fouiller ce qu'il pensait être une mystérieuse cachette. Il laissa retomber sa boîte d'étain et planta dans la matière grenue et cassante, formée de fragments de houille pulvérisée, le sabre qui devait lui servir à opérer la section.

Il ne s'était pas trompé dans ses prévisions. Le charbon de terre avait été fouillé peu de temps auparavant, à en juger par sa friabilité. Le Révérend, persuadé que l'objet ainsi enfoui devait posséder une valeur incalculable, pour que le propriétaire de toutes ces richesses se fût donné la peine de le dissimuler ainsi dans ce lieu inaccessible, brandissait avec acharnement sa lame et retirait les débris avec une telle précipitation que le sang coulait en filaments rosés sur le noir enduit dont ses doigts étaient souillés.

Le sabre d'abatis rencontra bientôt un corps dur qui rendit sous le choc un bruit sonore.

— J'en étais sûr, murmura le bandit en se penchant sur l'excavation.

» Tiens, c'est un baril... Un de ces tonnelets dans

lesquels on conserve les anchois salés dont les publicains sont toujours si bien approvisionnés.

» Cela se conçoit. Les anchois excitent une soif inextinguible, et le publicain, sans avoir besoin, comme on dit, de pousser à la consommation, trouve le moyen d'écouler les vitriols variés composant le fond de son bar.

» Voyons donc ce que contient ce baril. Je serais étonné que ce fût du whisky, bien que mon pourvoyeur anonyme ait semblé négliger l'importante question des liquides.

James Willis exhuma avec effort le tonnelet et le déposa, sur un de ses bouts, juste au-dessous du point central de la rotonde, sur lequel se concentraient les rayons lumineux venus d'en haut.

C'est en vain qu'il essaya de forcer des douves avec la lame de son sabre. Le bois résista à la pesée et la pointe se cassa avec un bruit sec. Avisant alors une hache américaine, au croissant élégant et dont l'acier miroitait avec une belle couleur d'azur, il saisit le manche de frêne et assena un coup violent sur le fond.

Le bois craqua, les cercles éclatèrent, le récipient se fendit.

Ebloui, fasciné, haletant, le bandit poussa un hurlement de fauve à la vue du spectacle invraisemblable qui s'offrit à ses regards.

Imaginez l'écrin d'une sultane apparaissant tout à coup avec ses fulgurations, la cassette d'un nabab s'ouvrant avec de flamboyantes irisations, la splendide moisson des mineurs de Golconde ou de Visapour s'éparpillant soudain en un capricieux ruissellement de feux multicolores, et vous aurez peine à concevoir l'incomparable splendeur du trésor découvert par le gredin d'une façon si imprévue.

Le choc de la hache avait fait jaillir, çà et là, des centaines de diamants qui, s'épandant en un semis irrégulier sur la couche de houille, semblaient autant d'étoiles tombées d'un coin de la voûte du firmament sur une nappe de velours noir. Le Révérend contempla d'un œil affolé cette opulente constella-

tion et un nouveau rugissement de bête de proie à
la curée sortit de sa poitrine. Puis ses regards se
reportèrent sur le baril. L'humble récipient était à
demi plein de gemmes de toutes grosseurs au milieu
desquelles se détachaient, jaunâtres et sans reflet,
des disques de métal, des pièces d'or, évidemment.

Bien que toutes les pierres composant cette merveilleuse collection fussent encore dans leur état primitif, bien que l'art du lapidaire et le caprice du
joaillier fussent étrangers à leur forme et à leur
agencement, elles n'en formaient pas moins un trésor inestimable. Leurs facettes naturelles, éclairées
par le faisceau lumineux venu d'en haut, accro-
chaient tous les rayons, et le hasard qui les avait
placées sur les pièces de monnaie leur donnait cet
inexprimable scintillement d'un œil de tigre, avec
son iris d'or enchâssant sa prunelle à l'éclat trou-
blant.

— A moi !... à moi !... tout !... hoqueta le gredin,
en plongeant ses mains au milieu des diamants !

» Je suis riche... enfin !... La destinée me devait
bien cela !...

Il saisit ensuite à pleines poignées les gemmes, les
serrant au point d'en faire pénétrer les pointes dans
sa chair, comme s'il eût eu besoin de ce contact brutal avec sa propre substance pour être bien convaincu de leur possession. Puis, insensible à tout le
reste, oubliant derechef la faim, la soif et la fatigue,
il se mit, comme un enfant qui s'amuse à laisser
couler du sable entre ses doigts, à faire glisser d'une
main dans l'autre les diamants qui parurent animés,
en rappelant les ébats d'un clan de moustiques dans
un rayon de soleil.

La muette contemplation de ce grimoire de feu le
retint longtemps. Puis, enfin, il sembla se raviser.
Un spectateur indifférent de cette scène étrange eût
cru qu'il allait enfin obéir aux exigences de la nature. Il n'en fut rien. L'âpre convoitise qu'une pareille découverte eût dû assouvir, au moins pour un
moment, se manifesta d'une étrange façon. Le misérable laissa échapper dans le tonnelet les poignées

de diamants qui retombèrent avec un crépitement sec. Avisant alors les pierres éparses dans les anfractuosités formées par les fragments de charbon de terre, il les ramassa une à une, lentement, posément, pour les replacer avec les autres, comme ces laboureurs parcimonieux qui ne veulent pas laisser perdre les grains de blé tombés de la gerbe.

Ce travail absurde dura longtemps et le Révérend, succombant enfin sous les exigences de la nature, fatigué de cette émouvante contemplation, sans en être rassasié pour cela, pensa enfin à absorber quelques aliments. Mais, comme s'il eût voulu préalablement opérer une prise de possession définitive, il se mit à enfouir pêle-mêle dans ses poches les diamants et les pièces d'or. Il s'assit alors sur le baril complètement vide et, les jambes dans le trou renfermant tout à l'heure la précieuse cachette, il dévora avidement un biscuit avec un morceau de corned-beef.

Alors, seulement, il réfléchit sérieusement à sa position et se prit à l'envisager froidement.

— Voyons, dit-il, tout en broyant sous ses dents aiguës et tranchantes comme celles d'un loup la briquette comestible, il ne s'agit pas seulement de rester en extase devant cette étrange manifestation de la fortune.

» J'ai perdu un moment la tête, tout à l'heure. Il faut avouer, d'ailleurs, qu'il y a de quoi, et bien d'autres à ma place eussent fait pis encore. Raisonnons donc comme il convient à un être intelligent.

» Il est impossible d'admettre que je sois dans le lieu où se trouve le trésor des rois cafres. L'agencement de cette grotte souterraine, les objets qu'elle renferme, tout me prouve que le propriétaire ou les propriétaires de ce retiro sont des Européens. Il n'y a pas d'erreur possible. L'ordre parfait que je constate en toutes choses, l'excellent état des armes, la conservation des effets d'habillement et d'équipement, la qualité des vivres, m'annoncent en outre que cet entrepôt est fréquemment visité. Ma claustration ne saurait être bien longue, quand même je ne trouverais pas d'issue.

» Eh ! pardieu ! il en existe bien une, mais elle est pour le moment inaccessible à mes moyens actuels. C'est ce damné couloir vertical qui se dresse au-dessus de ma tête comme une cheminée. C'est évidemment par là que s'accomplissent les voyages d'aller et de retour de mes mystérieux et involontaires pourvoyeurs. Il suffit d'une corde à nœuds pour opérer lestement ce mouvement de va-et-vient. Il me semble, en effet, apercevoir des érosions nombreuses causées sans doute par le contact de ces inconnus avec les parois du passage.

» Mais qui diable peuvent-ils bien être ? Des mineurs ne s'amuseraient pas à dissimuler ainsi le fruit de leur travail. Ils s'empresseraient de réaliser au plus vite une pareille fortune. Un publicain ne penserait pas à établir ici un entrepôt. Et, d'ailleurs, quel serait l'homme assez fou pour laisser dormir ce stock de diamants et vendre à des ivrognes de l'alcool et du vitriol ?

» Une fantaisie de millionnaire peut seule avoir créé une semblable étrangeté. Une fantaisie de millionnaire... qui sait ? Peut-être bien aussi une précaution de voleur !...

» De voleur !...

Un rire inextinguible s'échappa à ces mots de la bouche de James Willis.

— Que le diable m'emporte, s'écria-t-il, secoué par une hilarité qui s'en allait croissant, si c'était vrai !

» L'aventure serait extravagante.

» Pourquoi pas ? J'en ai tant vu, depuis vingt-quatre heures.

» Je ne connais qu'un seul voleur susceptible d'installer avec tant d'ordre une collection aussi variée. Ce n'est certes pas la première fois qu'il m'est donné de contempler un pareil spectacle, avec les diamants en moins, bien entendu.

» Je me souviens de l'hospitalité jadis offerte en Australie par un gentleman de grands chemins, dans une grotte spacieuse où se trouvaient réunies, avec une entente parfaite du confort, toutes les choses indispensables à l'existence.

» Mon ancien compère, le bushranger, était un homme de précautions, et nous fîmes quelques larges bombances, alors que les détectives de la police coloniale galopaient, mais en vain, sur nos traces.

» Est-ce que le hasard qui, parfois, fait si bien les choses, ne m'aurait pas envoyé dans la maison de campagne de cet excellent Sam Smith ?

» S'il en est ainsi, ma parole, c'est à ne plus douter de rien. C'est bien le cas où jamais de dire que tout arrive dans la vie. Oui, tout arrive. Quelque bizarre que soit ma destinée, j'aurai été le jouet d'événements si imprévus qu'il ne me manque plus que de devenir un honnête homme.

CHAPITRE VII

Première réunion des actionnaires composant la raison
sociale Sam Smith and C°. — Le bushranger prétend
qu'il faut être honnête quand on est riche. — Ce qu'on
entend en Afrique australe par *bœufs salés*. — Pieter
préposé à l'achat d'un attelage. — Singularités parti-
culières au bétail sud-africain. — La maladie des
bœufs. — Virus toxique et virus vaccin. — Adeptes sans
le savoir de la doctrine de Pasteur.

Pendant que le Révérend, après avoir échappé à
la terrible vengeance de Sam Smith, évoluait dans la
grotte mystérieuse, le bushranger tenait conseil avec
ses nouveaux associés. Les trois hommes avaient
gagné la terre ferme, et, laissant sur la droite le
chemin conduisant au kopje Victoria, s'étaient dirigés vers les collines basaltiques enserrant le Zambèze en aval des cataractes. Un sentier, ou plutôt
une espèce de corniche accrochée au sommet de la
muraille à pic, au bas de laquelle mugissaient les
eaux, les conduisit à une plate-forme entourée d'un
épais rempart d'aloès, d'euphorbes et de nopals.
Grâce à quelques éclaircies pratiquées habilement
dans cette redoutable haie vive, hérissée de piquants
devant lesquels eût reculé un régiment, ils pouvaient examiner, dans un périmètre immense, la
plaine qui s'étendait à perte de vue.

Les deux Boers, accroupis devant un monstrueux
quartier de venaison froide, qui eût largement suffi
au repas d'une escouade de soldats anglais, avaient

tiré leurs couteaux et s'apprêtaient à engloutir quelques larges bouchées. Smith, assis sur un fragment de roche, consultait attentivement le plan tracé sur un mouchoir par le malheureux père de Mme de Villeroge, et jetait de temps en temps de rapides regards sur les terres environnantes.

— Ce ne peut être que là, murmura-t-il en posant sur le tissu sale et maculé l'index de sa main droite.

» De quelque côté que je me retourne, j'arrive fatalement à trouver cette ligne ponctuée qui court du nord au sud et qui coupe la faille un peu au-dessous des chutes.

» C'est ici qu'il faut chercher. Les Français qui ont possédé ce plan, et James Willis lui-même, ont fait fausse route. Les niais !... Ils n'ont même pas vu qu'il est orienté à l'envers. De là leurs tentatives absurdes pour gagner l'autre rive.

» Ce que c'est que d'avoir été marin ! Ces terriens ne savent pas lire une carte et encore moins rectifier une erreur aussi grossière.

» Allons, tout va bien, et, avant peu, nous aurons des nouvelles du trésor des rois cafres.

Ces derniers mots firent sursauter les deux sauvages blancs, qui interrompirent leur mastication à peine commencée.

— Hein ? firent-ils simultanément.

Le bushranger, sans se départir de son attitude dominatrice, daigna sourire avec une sorte de condescendance hautaine.

— Eh bien ! garçons, cela vous fait dresser l'oreille, n'est-ce pas ?

Cornélis et Pieter, la bouche pleine, baissèrent avec le même ensemble la tête, sans pouvoir répondre autrement que par ce geste signifiant « oui » chez tous les peuples, civilisés ou non, qui évoluent d'un pôle à l'autre sur notre planète.

Mais ce mouvement, ayant eu pour résultat de favoriser la déglutition, comme chez les oiseaux dont les voies œsophagiennes sont obstruées par un morceau trop volumineux, les deux frères récupérèrent en même temps la voix.

— Oh ! oui, gentleman, grognèrent-ils d'un accent guttural.

— C'est parfait. Il est donc inutile de vous demander si vous êtes toujours dans les mêmes dispositions.

— Nous vous appartenons corps et âme ; vous le savez bien.

— Ce ne sera pas pour longtemps. Car, ou je me trompe fort, ou nous touchons au but.

— Commandez, nous obéirons sans hésiter.

— Bien.

— Quand même notre intérêt ne vous garantirait pas notre fidélité absolue, vous avez des arguments sans réplique, répondit Cornélis d'un air bonhomme.

— Ouais ! maître Cornélis, auriez-vous de l'esprit ?

— Je ne sais pas. Dans tous les cas, j'éprouve une furieuse envie d'être millionnaire.

— De mieux en mieux. Ecoutez-moi donc.

» Vous devez supposer que je ne vous ai pas fait escalader ce sentier, où des chèvres elles-mêmes auraient à craindre le vertige, pour m'assurer de la vigueur de vos jarrets.

— C'est votre affaire.

— ... Ce n'est pas non plus pour vous faire respirer l'air pur de la montagne que je vous ai conduits sur ce plateau presque inaccessible.

— Peu nous importe.

— ... Mais pour établir ici notre quartier général.

» Ce n'est pas, croyez-le bien, à la légère que j'ai choisi ce lieu.

— Oh ! interrompit avec assez d'à-propos Cornélis, qui se souvenait sans doute de la volée homérique dont le bushranger l'avait gratifié, Votre Seigneurie ne fait rien à la légère...

» Pas vrai, Pieter ?

Pour le coup, Mr. Smith daigna se dérider tout à fait.

— C'est bien de vous en rappeler, garçons.

» Mais, trêve de propos oiseux. Au fait.

» Notre campement se trouve à portée d'un entrepôt connu de moi seul et où nous pourrons nous procurer des armes, des effets d'habillement et surtout des provisions en telle quantité qu'il nous sera facile, en cas d'urgence, de suffire aux besoins d'une troupe nombreuse.

— Pas possible ? s'écrièrent les deux rustres, émerveillés.

— Voici donc l'importante question de l'approvisionnement résolue.

» Cette question est d'autant plus essentielle que, quand nous aurons mis la main sur le trésor, il nous faudra, effectuer notre retour aux pays civilisés.

» Ce n'est pas tout. Nous aurons besoin d'un wagon au moins, avec un attelage d'excellents bœufs *salés* (1) qui n'auront rien à redouter de la maladie. Or, nous avons toutes les facilités pour apercevoir d'ici les convois arrivant au kopje ou s'en éloignant.

. — Et pour les emprunter à leurs propriétaires sans bourse délier, s'écria Pieter avec un rire bestial.

— Pieter, mon garçon, riposta froidement le bushranger, je décernais tout à l'heure à Cornélis un diplôme d'homme d'esprit, j'ai le regret de vous accorder un brevet de parfait imbécile.

— Pourquoi cela, gentleman ?

— C'est qu'alors, sous peine de nous attirer de graves désagréments, il nous faudra payer. Payer royalement, vous entendez ? Quand on est riche, il s'agit d'être honnête.

» Enfin, nous ne sommes pas seuls à connaître et à rechercher le trésor des rois cafres.

— Tiens ! c'est vrai. Il y a les trois Français...

— Et Klaas... votre excellent frère.

— De plus en plus vrai ! Nous l'avions, pardieu ! bien oublié.

— Mais, moi, votre chef, je dois penser à tout.

» En conséquence, vous allez vous installer, l'un à gauche, l'autre à droite du plateau, et surveiller, tout en continuant votre repas, l'espace immense

(1) Cette singulière appellation sert à désigner les bœufs ayant subi l'inoculation préventive destinée à les prémunir contre les effets d'une terrible maladie locale qui les décime.

qui s'étend au sud-est et au sud-ouest, sans négliger le fleuve en amont et en aval de la cataracte.

— Voilà qui est facile... Et c'est tout ?

— Pour le moment.

— Gentleman !...

— Qu'y a-t-il, mon garçon ?

— Je crois que ce moment ne sera pas très long.

— Pourquoi ?

— C'est que j'aperçois une troupe nombreuse d'hommes et d'animaux s'arrêter à la lisière du grand bois que vous avez à votre droite.

— Ces hommes sont ?

— Des noirs.

— Et les animaux ?...

— Des bœufs de selle.

— En êtes-vous bien sûr ?

— Absolument. Les voyageurs mettent pied à terre et se préparent à camper.

— Il est urgent de nous mettre en rapport avec eux. Les bêtes doivent être salées. Il faut les leur acheter coûte que coûte. Nous trouverons plus tard un wagon.

» Elles seront peut-être rétives à l'attelage, mais vous vous chargerez de les habituer au joug.

— Comptez sur nous, gentleman.

— C'est vous, Pieter, que je charge de la négociation. Montrez-vous coulant et n'épargnez pas les promesses. Mes articles d'échange sont aussi nombreux que variés.

» Je paierai dans trois jours contre livraison.

» A propos, dans quels termes êtes-vous avec le personnel du kopje Victoria ?

— Au plus mal. Cornélis et moi nous avons abandonné les mineurs qui nous avaient mis à leur tête et voulaient, bon gré mal gré, être conduits par nous, au lieu où se trouve le trésor.

— Encore des compétiteurs, répondit Smith de son air goguenard.

» Nous aviserons.

» Partez donc, Pieter. Je n'ai pas besoin de vous recommander la prudence. Evitez les chercheurs de diamants et tâchez que nos futurs vendeurs consentent à s'éloigner dans la forêt.

» C'est ce que les Français appellent acheter la corde avant le veau, mais, comme nous n'avons pas à choisir les occasions, il est bon de les saisir quand elles se présentent.

» Allez !

— Au revoir, gentleman.

— Au revoir, mon garçon.

Le bushranger se remit à son étude topographique et Cornélis reprit sa faction, pendant que Pieter, insoucieux du vertige, descendait, avec sa placidité habituelle, l'abrupt sentier aux escarpements capricieux.

En moins de deux heures, il avait rejoint les mystérieux possesseurs du troupeau. Il reconnut aussitôt les sauvages cavaliers — en admettant toutefois que ce mot de cavaliers puisse s'appliquer à des hommes faisant leurs montures de bêtes à cornes — pour appartenir à une fraction de la tribu des Makololos.

Le Boer, qui n'ignorait ni leurs coutumes ni leur idiome, les aborda en homme pour lequel n'a pas de mystère le formulaire primitif du désert. L'accueil qu'il reçut fut, pour ce motif, d'autant plus cordial que son épiderme blanc avait en outre prévenu tout d'abord ses hôtes en sa faveur. Sachant l'attachement que portent les Makololos à leurs animaux, il examina en connaisseur le troupeau et s'extasia sur la beauté de ceux qui le composaient.

Il y a, en effet, de quoi faire pâmer d'aise le moins impressionnable des éleveurs et exciter tout à la fois un profond étonnement chez celui-là même qui eût été familiarisé antérieurement avec les procédés bizarres employés à l'égard de leur bétail par les sauvages africains.

Les bêtes composant ce troupeau appartiennent à deux races différentes. L'une, qu'ils appellent *batoka* parce qu'ils l'ont prise à la tribu de ce nom, est de petite taille, mais de formes admirables et de tous points semblable à celle que les Anglais appellent *courte-corne*. Les vaches sont bonne laitières et d'une excessive douceur. Les bœufs, très familiers, servent de monture. Ils sont d'une gaîté remarquable. Il suffit que le pâtre qui les précède commence à sauter, pour que le troupeau tout entier se mette à gambader follement. Le soir, ils reviennent en folâtrant se coucher auprès des feux allumés pour la nuit et restent volontiers à côté de leurs maîtres sans qu'il soit utile de les entraver.

L'autre race, qu'ils appellent *barotsé*, parce qu'elle est originaire de la vallée de ce nom, est énorme. Il n'est pas rare de voir des bœufs mesurant près de deux mètres du sabot à l'épaule. Haut montés sur leurs longues jambes sèches, ils portent fièrement leur tête aux cornes démesurées atteignant parfois deux mètres cinquante de longueur (1).

Les bœufs cafres, employés au joug ou à la selle, deviennent, en raison de leur éducation, susceptibles de rendre d'inappréciables services. Ils sont, en outre, grâce à certaines pratiques auxquelles les soumettent les éleveurs indigènes, prémunis contre une maladie terrible qui les décime cruellement et qui est connue là-bas sous la dénomination de *maladie des bœufs*. Quelque vague que soit cette appellation, je la préfère pourtant à celle de *maladie pulmonaire* que lui donnent les Anglais du Cap et les Hollandais du Waal. Cette affection, à forme endémique, sévit avec une effroyable intensité dans l'Afrique australe, surtout enre les quinzième et vingt-septième degrés de latitude sud. Elle débute brusquement par une pneumonie intense qui se termine fatalement par la mort, sept fois sur dix. Je serais personnellement porté à croire que cette pneumonie est seulement la manifestation d'un état pathologique spécial, analogue à l'intoxication charbonneuse dont notre éminent Pasteur a si merveilleusement défini les effets et les causes.

En effet, la chair des animaux ayant succombé à

----

(1) Le docteur Livingstone a rapporté, du pays des Makololos, des cornes ayant précisément ces dimensions. On peut les voir au British Museum.

cette affection donne le charbon aux personnes qui en mangent et la moindre piqûre pratiquée avec un instrument souillé du sang de la bête donne également naissance au charbon. Le fait, relaté par les missionnaires, s'est fréquemment produit, et les Cafres sont morts en grand nombre en dépouillant les bœufs ou en fabriquant des boucliers avec les peaux.

Désespérant d'opposer une médication curative à ce fléau qui décime leurs troupeaux, les indigènes, avec une sagacité que l'on ne saurait trop admirer, ont songé à appliquer un remède préventif. Ce remède, c'est l'*inoculation*.

Vous avez bien lu, l'inoculation. Longtemps avant les mémorables expériences· de Pouilly-le-Fort, qui ont définitivement consacré l'infaillibilité des doctrines de l'illustre Pasteur, d'humbles sauvages pensèrent à enrayer la marche du mal en provoquant ce mal d'une certaine façon.

Loin de nous la pensée d'établir le moindre parallèle entre l'empyrisme grossier de ces primitifs enfants de la nature et la méthode rigoureusement scientifique employée par le maître, qui n'a pu qu'être satisfait en voyant cette confirmation aussi nouvelle qu'inattendue donnée à sa découverte.

Voici comment procèdent les Cafres. Quand un animal infecté succombe, on isole séance tenante ses congénères. La bête morte est ouverte et ses poumons enlevés de la cavité thoracique. La substance pulmonaire renfermant le principe morbide est ensuite soumise à une cuisson modérée dans un vase de cuivre. Cette matière sert à enduire des mèches de coton qui vont faire pénétrer dans le sang de l'animal sain le virus retiré des organes de l'animal mort. La mèche, passée dans une longue aiguille, est introduite à la partie inférieure de la queue par l'opérateur, qui a soin de ne pas piquer les vertèbres caudales. Un point de suture immobilise le fragment de mèche, l'opération est terminée.

Une inflammation de moyenne intensité se déclare peu après au point où a été pratiquée l'inoculation et le bœuf sera généralement préservé contre la maladie, sans autre dommage que la perte de sa queue, laquelle se mortifie souvent ou est, pendant un certain temps, le siège d'un léger écoulement purulent.

On assure que la mortalité, qui est de sept dixièmes pour le bétail n'ayant pas subi cette opération, n'est plus que de trois dixièmes après l'inoculation.

Ceux qui ont suivi les phrases de la découverte de Pasteur comprendront tout d'abord que le point caractéristique de l'inoculation opérée par les Cafres n'est pas l'inoculation elle-même, mais bien la coction préalable du virus toxique. C'est là, en effet, la chose essentielle. Ce virus introduit tel quel dans un organisme sain produirait infailliblement la maladie et amènerait la mort du sujet. Tandis que, après avoir été soumis à une certaine température, il perd une partie de sa toxicité, détermine chez l'animal inoculé une indisposition légère à la suite de laquelle il sera presque toujours indemne de l'affection mortelle. En un mot, il contractera, grâce à l'inoculation du virus atténué, la maladie charbonneuse à un degré très faible, et, comme cette maladie ne récidive qu'exceptionnellement, il ne sera plus exposé aux risques de la contracter de nouveau.

Mais revenons aux Makololos, dont cette intéressante digression nous a pour un moment éloignés.

On conçoit sans peine quelle valeur doivent acquérir les bœufs dont la queue, plus ou moins écourtée, atteste cette précieuse immunité. Le voyageur en possession d'un pareil attelage peut espérer traverser sans trop de désagréments les espaces inconnus à travers lesquels le pousse son humeur aventureuse. S'il prend soin d'éviter les districts infestés par la tsé-tsé, s'il éclaire sa route de façon à trouver des pâturages, il atteindra lentement, mais presque sûrement son but, soit qu'il s'éloigne des lieux civilisés, soit qu'il revienne avec une opulente cargaison de fourrures, d'ivoire ou de plumes d'autruche.

Pieter, comprenant qu'il lui faudrait *palabrer*, c'est-à-dire parlementer longtemps, — on pourrait dire dans l'espèce maquignonner, — s'arrangea de façon à employer le plus agréablement possible les moments qu'il allait avoir à passer chez les Makololos.

Trop rusé pour risquer de compromettre par des offres hâtives le succès de sa négociation, il se conforma rigoureusement aux prescriptions de Sam Smith et mit en œuvre toute sa finauderie de sauvage blanc pour éloigner le plus possible ses hôtes des environs du kopje Victoria. Il y réussit d'autant plus facilement que le hasard le servit à souhait. Des taillis entiers de mokoun couvraient le sol sur une assez vaste étendue et les noirs, appréhendant avec juste raison pour leurs animaux la présence de cet arbuste redoutable, acquiescèrent volontiers aux propositions du Boer et lui surent un gré infini de cette attention délicate dont ils appréciaient la valeur.

Tout en opérant cette retraite, Pieter se mit en devoir de sonder habilement les intentions du chef, relativement à une cession probable d'une partie du troupeau.

La réponse péremptoire qu'il reçut augmenta encore sa convoitise tout en ne lui laissant aucun espoir. Les indigènes se refusaient absolument à vendre une seule tête de bétail.

Pieter dissimula son mécontentement et se dit en aparté

— C'est bon. Ce qui n'est pas à vendre est toujours à prendre et, dussé-je profiter de la nuit pour couper le cou à tous ces moricauds, j'aurai mon attelage.

CHAPITRE VIII

L'orgie au désert. — Plus de travail. — Les victimes de
Klaas. — Aux armes !... Fanfaronnades. — Souvenir
aux aventuriers de la Soñora. — Arrivée d'un parlementaire. — L'ultimatum. — « Blancs !... il faut partir. » — Conséquences terribles d'une violation du droit
des gens. — Déclaration de guerre. — Les flèches à
plume rouge. — Bataille. — Sombre épilogue d'une
scène d'ivresse. — Vengeance de Pieter. — Réappari-
tion de Caïman, le mangeur d'hommes.

Après la brusque interruption des assisses nocturnes tenues sous le banian, les lyncheurs, mis en déroute par l'invasion des reptiles, s'étaient précipités
pêle-mêle dans la direction de la tente où le publicain débitait ses drogues. Le digne négociant, en
homme qui connaît ses habitués, s'était bien gardé,
malgré l'heure avancée, de fermer boutique. Sachant
par expérience qu'il y aurait, au cours des débats,
beaucoup de paroles échangées, au besoin des horions, il pensait avec raison que les jurés improvisés
verraient leur soif chronique tourner indubitable-
ment à l'état aigu. En outre, les émotions produites
par le spectacle dramatique d'une pendaison en partie double, exécutée à la lueur des torches, devraient
immanquablement se répercuter à tous les estomacs
et augmenter, jusqu'aux extrêmes limites de l'impossible, les besoins habituels d'absorption.

Depuis longtemps blasé sur ces terribles scènes,
grâce à une longue pratique des champs d'or et de

diamants, l'empoisonneur du kopje Victoria était
donc resté à son poste et avait conservé son personnel sous la main, en dépit des protestations élevées
par les serviteurs qui voulaient prendre 'eur part de
la fête du sang. Chacun avait dû, bon gré mal gré,
obéir, car le publicain, un robuste gaillard de cinq
pieds six pouces, taillé comme un boxeur, ne plai-
santait pas. On s'était mis au travail en prévision
de l'affluence de consommateurs. Des punchs énormes étaient prêts à être incendiés, des bouteilles d'un
champagne innomé s'alignaient en bataille, au milieu de gobelets d'étain fraîchement fourbis. Les
jambons, exhumés de leurs enveloppes de toile aux
cachets multiples, arrivaient, accompagnés d'une
âcre senteur de fumure, avec les inévitables anchois
cristallisés dans leur sel, pendant que, dans l'offi-
cine, s'élaboraient les breuvages odorants et corro-
sifs pour l'absorption desquels les buveurs doivent
posséder des estomacs en tôle d'acier.

Un brouhaha, lointain encore, se fit entendre. Le
publicain dressa l'oreille et cria d'une voix de sten-
tor : « A vos places !... » comme un capitaine d'artil-
lerie quand il comande le sacramentel : « Canon-
niers !... à vos pièces ! »

En un clin d'œil, chacun fut à son poste, prêt à
verser à flots les liquides dans les cratères humains.
Le tapage grandit et devint un inexprimable tumulte.
Les mineurs arrivaient en débandade et en proie à
une émotion facile à concevoir. Aussitôt, les punchs
flambèrent, et les champagnes détonèrent bruyamment. Une véritable salve accompagnée d'un feu d'artifice.

Puis, chacun se rua sur les victuailles solides et
liquides.

De mémoire de digger, on ne vit pareille absorption. Et quels cris, quel fracas de propos ininterrom-
pus, quel tintamarre ! C'était à qui parlerait sans
même penser à écouter, tant chacun mettait de feu
à raconter, avec mille variantes et d'après ses propres impressions, l'étrange épilogue de la scène noc-
turne.

Une seule chose avait manqué pour que la fête fût complète : la pendaison des accusés. Il est vrai que, en revanche, l'apparition des serpents, la fin terrible de Mr. Will offraient une compensation. C'étaient là des événements assez inusités pour satisfaire, au moins présentement, aux exigences des plus difficiles. Naturellement, nul ne pensait à aller s'enquérir du sort des victimes. C'est à peine, en outre, si l'absence de l'Ingénieur fut remarquée. On avait, pardieu ! bien autre chose à faire.

Quant aux accusés, étaient-ils bien réellement coupables ? Ils avaient d'ailleurs été très crânes, et la dignité de leur attitude avait vivement frappé ces irréguliers, excellents juges en matière de courage. Qu'ils aient été aussi la proie des serpents ou qu'ils aient réussi à échapper, il y avait gros à parier qu'on ne les reverrait pas de sitôt. Il était donc inutile de s'en occuper davantage.

On se mit en conséquence à boire de plus belle ; les cris retentirent avec une nouvelle intensité et des refrains bachiques, vociférés sur tous les tons et dans tous les idiomes, complétèrent bientôt cette orgie. De temps en temps, un ivrogne congestionné à éclater glissait de son siège, battait de ses mains crispées l'air surchargé de miasmes et s'effondrait sous une table. Sa chute était saluée de rires bruyants et bientôt un ronflement sonore venait se mêler en fauxbourdon aux clameurs emplissant l'immense maison de toile. Il y avait en outre de terribles buveurs susceptibles de résister aux plus formidables excès.

Ceux-là avaient besoin d'un nouvel excitant.

Le publicain, qui les contemplait d'un œil où brillaient à la fois l'admiration et une nuance d'attendrissement, apporta des cartes graisseuses et des tapis de drap, dont la trame disparaissait sous une couche indécise composée d'huile, de sirop et peut-être de sang. On joua un jeu d'enfer. Les tables raboteuses du bar sauvage, autour desquelles se pressaient des joueurs de tous pays, portèrent des enjeux qui eussent fait le désespoir des beaux fils éparpillant follement leur fortune sous les girandoles de nos cercles en renom. Les vociférations s'apaisèrent peu à peu. On n'entendit bientôt plus que le claquement métallique des petites balances où se pesaient les mises et les mots techniques usités en pareil cas par les portes.

De temps en temps, la sourde exclamation d'un mineur décavé, ou l'involontaire cri de joie poussé par un gagnant, troublait ce demi-silence. Les diamants ruisselaient de toutes parts et l'ardente convoitise de tous se lisait sur ces yeux luisants, sur ces visages crispés. Il suffisait de quelques minutes pour faire et défaire une fortune et annihiler le dur labeur de longs jours de souffrances.

Les cachettes mystérieuses auxquelles avaient été confiées des trouvailles parfois opulentes étaient ouvertes sans plus tarder et tel qui venait de perdre en un moment les appointements d'un ambassadeur, disparaissait pendant une demi-heure pour reparaître le front plein de sueur, les mains terreuses, les poches pleines. Des expressions n'ayant rien d'évangélique se mêlaient parfois à cette technologie de joueurs, la même par tous pays.

Certains personnages d'une moralité plus que suspecte voulaient corriger les défaillances de la fortune.

— Vous trichez !... hurlait le volé.

— Moi !... Vous en avez menti.

— Allons donc, vous êtes bourré de portées.

» Landlord !... empoignez-moi ce rascal.

— Bas les pattes ou je t'éventre, empoisonneur !

— Tout beau, disait le publicain de sa voix enrouée d'athlète, dont les cordes vocales ont été éraillées par les boniments sur les tréteaux des foires, tout beau, mon camarade !

» Je pourrais vous aplatir la face d'un coup de poing. Je préfère ceci...

Il mettait sous le nez du récalcitrant un revolver bull-dog et ajoutait, en goguenardant :

— Allons, à la porte ! ou remettez-moi les cartes qui matelassent votre poitrail.

» Dépêchons... Pas d'hésitation et pas de fausse sortie. Un revolver, c'est un coup de poing qui porte à vingt-cinq pas et je réponds de mon coup.

Le voleur s'exécutait généralement et restituait les mises qu'il s'était indûment appropriées, puis le jeu reprenait, jusqu'à ce qu'un nouvel incident du même genre se terminât de la même façon, à moins que le larron ne fît la mauvaise tête.

Ah! pardieu, c'était bientôt fait. Une détonation aiguë éclatait. La cervelle du mécréant éclaboussait ses voisins, puis deux hommes de bonne volonté empoignaient le cadavre par chacun un bout et l'emportaient jusqu'à la porte. Les morts se comptaient seulement après la fête.

Il fallait un lendemain à cette orgie monstre. La nuit fut bientôt passée sans que les joueurs pensassent à se retirer. Le jour vint. Les buveurs ivres morts s'éveillèrent un à un, la bouche sèche, les membres brisés. Ils burent de plus belle et recommencèrent, le plus naturellement du monde, les excès de la veille. Ceux que l'ivresse avait surpris les poches pleines prirent la place des joueurs ruinés, et ces derniers, largement abreuvés par les gagnants, roulèrent à leur tour sous les tables. Il y eut une simple substitution, un chassé-croisé dont nul ne put ou parut s'apercevoir. Personne ne pensa à reprendre le travail ; les claims furent désertés et le chômage devint général.

Jamais depuis sa fondation, très récente il est vrai, le kopje Victoria n'avait présenté un pareil spectacle. Ces alternatives de pertes et de gains instantanés, remplaçant l'âpre labeur exécuté dans les terres diamantifères, eurent une influence déplorable sur l'esprit des mineurs. Il suffit d'un simple mot, tombé incidemment des lèvres d'un ivrogne, pour affoler indistinctement ces hommes qui, jusqu'alors, avaient pour la plupart obéi à la loi du travail. L'un d'eux, dont le jeu avait nettoyé les poches jusqu'à siccité complète, insinua, le plus naturellement du monde, qu'il suffirait d'un bon coup, d'un seul, pour conquérir en un moment, et sans grande peine, une opulence fantastique. Un certain nombre, parmi les mineurs, n'étaient-ils pas partis l'avant-veille à la recherche de ce fastueux trésor dont chacun parlait et dont l'existence était affirmée de toutes parts ?

— Car, en somme, continua l'orateur, si nous avons plaisanté, au moment de leur départ, aux dépens de nos compagnons enthousiasmés, en leur prédisant un prompt retour au milieu de nous, nul n'est encore rentré au kopje, ce qui tenterait à prouver que leurs recherches ne sont pas aussi vaines que nous l'avons supposé tout d'abord.

Un incident imprévu donna, sans plus tarder, un démenti formel à cette péroraison et arrêta les bravos retentissants qu'elle avait soulevés chez les buveurs en proie à la double surexcitation de l'alcool et de la cupidité.

Une dizaine de mineurs, hâves, déguenillés, se soutenant à peine et paraissant succomber de fatigue et de besoin, pénétrèrent soudain sous la tente emplie d'un tumulte indescriptible. Leur entrée produisit une impression d'autant plus pénible que trois ou quatre portaient à la poitrine des plaies béantes rougeoyant à travers des lambeaux de vêtements. Ils étaient en outre presque entièrement aveugles, à en juger par leurs paupières violacées, tuméfiées, clignotant péniblement devant les lumières obscurcies par d'épais flocons d'une fumée suffocante produite par l'horrible tabac des traitants.

Ce lamentable spectacle arrêta tout net les éclats de cette exubérante gaieté, qui fut suivie d'un silence lugubre. Les joueurs laissèrent retomber leurs cartes, les buveurs reposèrent leurs gobelets d'étain, en reconnaissant dans ces spectres les aventuriers partis pleins d'espoir à la conquête du trésor des rois cafres.

Puis, les interrogations partirent de tous côtés.

— Qu'y a-t-il ?... D'où venez-vous ? Que s'est-il passé ?

» Mais, ils défaillent !...

» Publicain !... à boire... à manger pour ces pauvres diables. Allons, dépêchons !

» Ta cave n'est pas encore vidée ?... Ton garde-manger est encore garni ?

Le gargotier se multipliait et gourmandait ses serviteurs, que cette veille de trente-six heures avait littéralement mis sur les dents.

— Gentlemen, murmura d'une voix éteinte un des nouveaux arrivants, alerte !...

— Que voulez-vous dire ?...

— Aux armes !... Vous allez être attaqués. Les noirs sont sur nos talons.

» Nos compagnons viennent d'être massacrés.

» Alerte !...

Les ivrognes, subitement dégrisés, se dressèrent aussitôt. Les joueurs firent prestement disparaître les enjeux et ramassèrent les revolvers et les bowie-knifes épars sur les tables. On entendit crépiter les batteries des armes à feu et claquer les ressorts des couteaux.

— Les noirs !... Vous dites que les noirs vous ont attaqués ? Mais quels sont-ils ? Pourquoi cette agression que rien ne faisait prévoir jusqu'alors ?

— C'est Pieter le Boer... Il nous a trahis ! le misérable ! et nous a jeté sur le dos la troupe entière de ces coquins.

— Qu'ils viennent donc ! Nous allons leur faire une réception qui leur ôtera pour longtemps l'envie de recommencer.

Un homme de sang-froid n'eût pu s'empêcher de hausser les épaules en entendant une pareille fanfaronnade. S'il y avait là cent cinquante à deux cents diggers pourvus d'un armement redoutable, surtout pour de simples sauvages, un petit nombre d'entre eux étaient à peine capables de se défendre. Presque tous, complètement abrutis par les excès, avaient fort à faire pour se tenir d'aplomb sur les jambes et leurs coups devaient être, le cas échéant, aussi dangereux pour leurs compagnons que pour les ennemis. Puis, il faut bien l'avouer, ces messieurs ayant à accomplir en temps ordinaire une besogne relativement facile, approvisionnés largement, vivant au milieu de tribus inoffensives, étaient de simples pionniers, parfaitement déclassés pour la plupart, il est vrai, mais ne possédant par l'envergure des anciens chercheurs d'or californiens. Ces derniers, en effet, toujours sur le qui-vive, entourés de peuplades belliqueuses avec lesquelles ils demeuraient en état d'hostilité permanente, avaient fini par emprunter, aux Peaux-Rouges du Nord-Amérique, leurs terribles procédés d'attaque et de défense. Cette existence de luttes perpétuelles, ces alertes sans fin, ce souci poignant d'éviter le poteau de tortures et de conserver sa chevelure, avaient fait d'eux de redoutables combattants, susceptibles d'affronter sans sourciller tous les diables à épiderme noir, blanc ou rouge.

Bref, il y a gros à parier que les aventuriers formidables qui, sous les ordres de Pindray ou de Raousset-Boulbon, accomplirent de ces faits inouïs appartenant désormais à la légende, n'eussent fait qu'une bouchée des noirs dont on signalait l'approche aux chercheurs de diamants du kopje Victoria.

Ceux-ci, accoutumés à des rixes s'élevant entre eux et se terminant quelquefois par une balle, et plus généralement par une estafilade ou un simple coup de poing, n'étaient pas capables de soutenir de ces luttes homériques dont les irréguliers de la Soñora savaient généralement sortir victorieux.

L'ivresse aidant, ils firent pourtant assez bonne contenance et ébauchèrent quelques procédés de défense. Ils apprenaient, entre temps, la catastrophe dont leurs compagnons avaient été frappés lors de la baignade au milieu des eaux empoisonnées par le suc de l'euphorbe, ainsi que les événements qui suivirent. Ils rentraient au digging après avoir reçu les soins de Zouga et du Bushman, lorsqu'ils firent la rencontre de Pieter, occupé à parlementer avec la troupe des Makololos. La vue de leur ancien chef, qui les avait abandonnés dans des conjonctures aussi critiques, ranima toutes leurs colères. Ils voulurent s'emparer de lui, et nul doute qu'ils ne lui eussent fait un mauvais parti, quand ses noirs compagnons qui, habituellement, ne se mêlent jamais des querelles entre Européens, prirent fait et cause pour le

Boer, se ruèrent sur eux avec une furie absolument inusitée et couchèrent, en un clin d'œil, les trois quarts de la troupe sur le sol. Les survivants, blessés pour la plupart, avaient à grand'peine réussi à s'échapper.

Le récit sommaire de ce déplorable événement était à peine terminé que des cris farouches retentirent de toutes parts, à quelques pas à peine de la frêle muraille de toile. Les mineurs, s'attendant à subir le choc de nombreux assaillants, apprêtèrent leurs armes et se retranchèrent derrière les tables encore encombrées des multiples débris de cette longue orgie.

La portière fermant l'ouverture principale fut arrachée violemment, et, à leur profond étonnement, ils ne virent qu'un seul homme, un noir.

Débarrassé de ses oripeaux de sauvage frotté à un rudiment de civilisation et apparaissant dans sa nudité sculpturale d'homme primitif, l'Africain, cambrant sa haute taille, s'avança hautain, superbe, appuyé sur une sagaie. Il y eut un moment de stupeur, à l'aspect de ce torse d'ébène, de ces membres puissants, de cette tête audacieuse, se détachant crûment, en pleine lumière, avec les mouvements lents d'une apparition de spectre.

Sans se préoccuper de ces hommes pittoresquement embusqués, de leurs revolvers braqués sur lui, de leurs couteaux à l'éclat flamboyant, il continua sa marche silencieuse et s'arrêta au milieu de la salle. Etonnés de cette assurance et prévoyant bien que le nouveau venu, pour les braver ainsi, devait être accompagné d'une escorte considérable, les mineurs se taisaient.

Le publicain, pensant qu'il devait payer de sa personne, s'avança d'un air engageant, comme avec une pratique, et demanda d'une voix qui avait la prétention d'être aimable :

— Que veux-tu ?

Le noir se recueillit un moment, promena son regard sur l'assemblée, s'affermit sur sa pique et répondit en anglais fort incorrect, naturellement, mais suffisamment intelligible.

— Les blancs, dit-il, sont venus depuis longtemps dans le pays de nos pères avec de grands chariots traînés par des bœufs. Ils chassaient l'éléphant et nous donnaient, en échange de l'ivoire et des plumes d'autruche, des étoffes, des colliers et de l'eau-de-feu.

» Ces blancs étaient bons. Ils payaient l'impôt et respectaient nos coutumes ainsi que nos croyances.

— Quel charabia nous chante ce moricaud ? interrompit brutalement le publicain.

— Silence !... silence !... s'écrièrent les plus prudents qui, voyant la tournure de l'entretien, espéraient pouvoir tout arranger avec quelques cadeaux.

Le noir reprit sans s'émouvoir :

— Quant à vous, blancs auxquels je m'adresse en ce moment, vous vous êtes emparés de nos terres sans même nous demander avis. Vous avez apporté vos machines qui crachent le feu et la fumée et vous nous avez chassés du sol natal. Nous avons tout enduré sans nous plaindre, parce que Daoud nous a appris la patience. Nous avons reculé devant vous et nous sommes venus nous réfugier près de *Mosi ou Tounya*, où se trouvent les Barimos.

» Vous avez encore avancé et vous êtes maintenant à quelques portées de flèches de *Motsé ou Barimos !*

» Blancs ! votre présence ici est une insulte pour nous et un sacrilège pour nos dieux. Ce ne sont plus seulement les plumes et l'ivoire que vous voulez maintenant, mais encore les pierres enfouies par nos pères dans les cavernes où tonne la voix de nos divinités.

» Cela ne sera pas. Vous allez partir, abandonner le lieu où vous êtes et vous retirer dans les pays du sud.

» Blancs ! vous m'avez entendu. Partez ! il le faut ! je le veux !

Un large éclat de rire éclata dans l'assistance et suivit ce sauvage ultimatum proféré pourtant avec une incomparable dignité. Le charme était rompu. Les mineurs, pensant avoir bon marché de cet homme qui ne recevait aucun renfort, et croyant avoir affaire à un fou, riaient à se tordre. Les lazzis d'un goût plus que douteux pleuvaient de toutes parts.

— Ma parole, il est à empailler pour une ménagerie.

— *By god* Il va bien, le compagnon. Abandonner comme cela une exploitation en plein rapport...

— Sous prétexte que nous gênons ses Manitous !

— Landlord ! donnez-lui donc un shilling.

— Payez-lui un verre de Cape brandy, il aimera mieux cela.

Un incident déplorable, dont les suites furent affreuses, interrompit soudain ces propos équivoques.

Le chien d'un revolver, tourmenté sans doute par la main imprudente d'un ivrogne, s'abattit. Une détonation éclata et la balle, par le plus malencontreux de tous les hasards, vint frapper à l'épaule le noir toujours immobile.

Cette blessure, reçue en pareil moment, le rendit furieux. Un frisson rapide le secoua de la tête aux pieds, puis il pâlit, comme pâlissent les nègres ; sa peau devint gris de cendre. Sans vouloir ni même pouvoir s'arrêter à cette pensée qu'il était victime d'un accident, il ne vit qu'une infâme lâcheté dans cette brutale et probablement involontaire violation du droit des gens.

Il poussa un cri terrible. Arrachant de son carquois une flèche empennée de blanc, il rougit cette plume au sang coulant de sa blessure et la lança sur le sol en criant :

— Blancs ! je ne voulais pas la guerre. Mais vous avez blessé l'envoyé d'une grande nation, vous serez tous exterminés.

» Ici vont pleuvoir les flèches à plume rouge.

Puis, s'élançant d'un bond de tigre à travers les mineurs interdits, il disparut sans que nul eût osé s'opposer à sa retraite.

L'effet de sa menace ne fut pas long à se manifester. Quelques minutes s'étaient à peine écoulées que les hurlements qui avaient signalé l'arrivée du noir plénipotentiaire recommencèrent avec une nouvelle intensité. Alors, la tente, éventrée en plus de cent endroits, livra passage à une légion de démons. Nus comme la main, couverts d'un épais enduit de graisse de buffle, excellente pour empêcher les prises de corps, armés de leurs petites flèches enduites du *n'goua*, le poison contre lequel il n'existe pas de remède, les sauvages africains se ruaient contre les blancs avec l'irrésistible élan de fauves attaquant leur proie.

— Tue !... tue !... à mort !... criaient-ils dans leur langage guttural.

Puis une grêle de flèches fendit l'air avec des sifflements sinistres.

Le publicain, dont la clientèle et le mobilier se trouvaient du même coup menacés, s'était retranché derrière la table lui servant de comptoir. C'était un intrépide compagnon que rien ne pouvait troubler. Un revolver de chaque main, il se préparait à ouvrir un feu d'enfer.

— Attention, camarades, fit-il sans manifester aucune émotion. Visez en plein poitrail et ne tirez qu'à coup sûr.

» Feu !...

Un véritable feu de peloton éclata soudain, enveloppant les combattants d'une flamme rouge et d'un nuage de poudre. Plusieurs noirs tombèrent, mais nul ne recula.

— Hardi ! camarades, hardi ! criait le publicain, qui apparaissait entouré de fulgurations.

Peine inutile. La furie des assaillants était à ce point terrible que les mineurs ne pouvaient plus faire usage des armes à feu. Le temps leur manquait d'ailleurs pour recharger les revolvers dont ils avaient, en un instant, brûlé inconsidérément les cartouches.

Une bataille corps à corps s'engagea bientôt. Lutte sauvage et sans merci, toute à l'avantage des noirs, dont les corps agiles se dérobaient aux étreintes les plus énergiques. Les diggers, pleins de terreur, s'aperçurent alors qu'ils étaient voués à une véritable extermination et qu'ils ne devaient attendre ni trêve ni merci.

Les Africains, obéissant aveuglément à une consigne, semblaient ne pas se préoccuper des coups de couteaux qui leur balafraient les membres ou leur ouvraient la poitrine. Trop rapprochés aussi pour se servir de leurs arcs, ils avaient saisi leurs flèches empoisonnées et s'avançaient en les brandissant à la main, sans autre souci que de faire une piqûre légère qu'ils savaient devoir être mortelle à bref délai.

Les blancs, plus épouvantés que jamais, en se voyant incapables de résister à une pareille alternative, essayaient de s'enfuir et quittaient précipitamment la tente dont les parois déloquetées laissaient apercevoir du dehors la plus invraisemblable scène de carnage. Peine inutile. Ils venaient buter contre une ligne sombre de guerriers symétriquement rangés sur le terrain découvert, au milieu duquel s'élevait l'établissement ruiné du publicain et que leurs yeux éblouis ne pouvaient apercevoir. L'égorgement fatal, implacable, se continuait dans l'ombre, sans qu'il y eût possibilité de tenter la moindre résistance.

Cette atroce tuerie s'apaisa bientôt comme un incendie, faute d'aliments. Les diggers, massacrés ou agonisants, étaient étendus au milieu de flaques rouges, pêle-mêle avec les indigènes. Ces derniers, horriblement maltraités aussi, étaient restés maîtres du champ de bataille, mais à quel prix ! A peine si quelques combattants valides pouvaient se tenir debout.

Un homme de haute taille sortit alors du cercle d'ombre et s'avança lentement vers le fond de la tente où se débattait le publicain dans les dernières convulsions de l'agonie. Il contempla d'un air satisfait ce spectacle épouvantable et fit entendre un sifflement strident.

— Pieter !... Pieter le Boer !... râla le publicain ! Au secours, gentleman ! je me meurs.

Pieter, c'était bien lui, sourit d'un air bestial. Il planta jusqu'au manche la lame de son couteau dans la poitrine du malheureux qui l'implorait et grogna de sa voix brutale :

— Crève donc, pourceau !... Crevez donc tous comme des chiens.

Son sifflement était un signal. Un noir accourut.

— Caïman, reprit l'assassin, tes hommes sont là ?

— Oui, maître.

— Tu sais ce qu'ils doivent faire ?

-- Caïman se souvient. Ses guerriers vont achever tous ceux qui respirent encore.

— Blancs ou noirs !

— Oui. Et ceux qui sont vivants ?

— Tu en feras ce que tu voudras. Tu peux les tuer maintenant ou les emmener pour les engraisser et les manger.

» N'oublie pas qu'ils doivent tous périr.

CHAPITRE IX

Un dicton normand. — Boers et Boors. — L'esclavage en
Afrique australe. — Pillage et vol organisés. — Férocité des sauvages blancs. — Le plan de Pieter. — Diviser pour... voler. — Comment le Boer exploita les superstitions des Makololos. — Pirate noir et pirate
blanc. — Le massacre. — Ni vainqueurs, ni vaincus. —
Comment Caïman, dit le Mangeur d'hommes, perdit
pour jamais le goût de la chair humaine. — Le vengeur de la dernière heure. — En retraite ! — L'ingénieur. — Souvenir aux absents. — Pieter devenu chef
de tribu. — Possesseur de l'attelage, il veut le wagon.

Un vieux diction normand prétend qu'un malin de
Domfront vaut deux finauds de Vire qui valent ensemble quatre citrouilles de Condé-sur-Noireau. Les
habitants de ce joli chef-lieu de canton du Calvados
voudront bien ne pas faire endosser à l'auteur la
responsabilité de cette expression plus triviale que
respectueuse, et à coup sûr imméritée. Il est absolument désintéressé dans la question et se contente de
citer l'aphorisme local. Quoi qu'il en soit et quelque
bien établie que soit la réputation de finesse des Nor-
mands en général et en particulier des gens de Domfront, Vire, Condé-sur-Noireau et autres lieux, prenez les malins entre le malins, les finauds entre les
finauds et les citrouilles les plus distinguées, et vous
n'arriverez pas à trouver un diplomate susceptible
de rivaliser avec le Boer. Le Boer, en effet, qui in-

carne en sa lourde et placide personne l'astuce du Flamand, la ruse du Frison et la froide ténacité du Hollandais proprement dit, est un compère qu'il est à peu près impossible de prendre au dépourvu. Joignez à cela une absence complète de préjugés, une vigueur de bison et une adresse de Peau-Rouge, et vous conviendrez que le Néerlandais du Waal peut devenir, à l'occasion, un personnage des plus dangereux.

Il est bien entendu que nous ne voulons pas parler ici des colons du Cap, désignés encore sous le nom de Boers, — signifiant simplement fermiers, — et qui sont les paysans les plus sobres, les plus industrieux et les plus hospitaliers qu'il soit possible de rencontrer. Ce mot de Boer n'est même pas synonyme de l'anglais *Boor* (rustre), sous lequel on désigne les irréguliers vivant en dehors de l'autorité britannique ou des lois patriarcales régissant certains districts indépendants. Ces Boors sont de véritables pirates qui mettent en coupe réglée les biens des indigènes et qui ne respectent pas plus la propriété que l'existence et la liberté de ces malheureux.

Etant données cette absence de sens moral, cette férocité de sauvage, sur lesquelles viennent se greffer si étrangement une incroyayble finauderie matoise et un prodigieux esprit d'intrigue, il n'est pas étonnant que le Boor, irrégulier par excellence, devienne un bandit consommé. Tels les trois frères dont nous avons raconté antérieurement les lugubres exploits. Klaas a montré déjà ce dont il était capable pour arriver à son but. Pieter va nous donner un échantillon de son savoir-faire.

Cordialement accueilli par les Makololos, dont il convoitait le bétail, le misérable, voyant que les nomades refusaient de lui céder un attelage, combina, en un moment, un plan diabolique, dans le but de s'approprier l'objet de sa convoitise. Comme il était seul, il ne pouvait songer à employer la force. Il eut, en conséquence, recours à la ruse. Craignant d'être contrarié dans ses opérations futures par les mineurs du kopje Victoria, dont la voisinage constituait pour

lui un danger permanent, il pensa, en premier lieu,
à se débarrasser de ces gêneurs qui lui feraient, le
cas échéant, payer cher sa désertion. Susciter un
conflit entre les noirs et les blancs, les mettre aux
prises, provoquer une lutte devant fatalement amener l'extermination des uns et des autres, telle fut la
conception à laquelle il s'arrêta tout d'abord. S'il
réussissait, il n'aurait plus rien à redouter des mineurs, dont les rares survivants seraient forcés de
battre en retraite, et il lui serait possible d'autre
part de s'emparer, sans coup férir, d'un attelage de
choix que les noirs anéantis seraient incapables de
lui disputer.

Il est vrai qu'il allait faire massacrer plusieurs
centaines d'hommes pour devenir possesseur de quelques têtes de bétail. Mais qu'importait au bandit le
sang versé, pourvu que sa cupidité fût assouvie ? On
a pu voir, par ce qui précède, que non seulement les
préjugés, mais encore les plus élémentaires notions
de probité, sont inconnus aux nomades blancs con-
nus sous le nom de Boors ; et Pieter, parmi ses congénères, pouvait passer pour un type accompli du
genre.

Il fallait trouver un motif à cette déclaration de
guerre. Pieter ne fut pas embarrassé pour si peu.
Les indigènes, fort attachés aux séculaires superstitions de leurs pères, s'en allaient accomplir, à la cataracte des Barimos, ce pèlerinage que tout croyant
doit exécuter au moins une fois en sa vie, à l'exemple
des musulmans s'en allant faire à la ville sainte
leurs dévotions au tombeau du Prophète. Le Boer
résolut de faire servir à ses desseins cette naïve
croyance, et cela lui fut d'autant plus facile que les
terres en exploitation se trouvaient à proximité de
Mosi ou Tounya. Il convoqua le clan des noirs pèle-
rins, les harangua chaleureusement, leur démontra
que la présence des blancs constituait un outrage à
leurs dieux, et que cet outrage était d'autant plus impardonnable qu'ils fouillaient cette terre sacrée où
reposaient les os des ancêtres dont la sépulture était

tôt, leur enjoindre de se retirer, et s'ils n'obtempéraient pas, les contraindre par la force.

Les noirs écoutèrent avec une indignation mal contenue ces paroles incendiaires et donnèrent tête baissée dans le piège. Aucun n'eût osé, en principe, non seulement s'attaquer, mais encore résister aux blancs, même pour défendre leur liberté. Frémissants d'indignation, ils n'hésitèrent pas un instant et se levèrent comme un seul homme à cet appel fait à leur fanatisme religieux.

De concert avec le chef, Pieter résolut d'attendre la nuit, afin, disait-il, de donner plus de solennité au sauvage ultimatum, mais, en réalité pour triompher plus facilement des mineurs fatigués par le travail de la journée ou abrutis par les excès alcooliques. Le gredin savait bien que la tente du publicain chômait moins encore que les claims. Enfin, pour compléter l'œuvre de cette infâme diplomatie de bandit, le hasard se mit de la partie. En attendant le moment décisif, le Boer, par une vieille habitude de coureur des bois, inspectait les environs du campement, quand il fit la rencontre de Caïman, le mangeur d'hommes.

On se souvient que le noir, ayant sous ses ordres toute une bande de pillards recrutés parmi le rebut des peuplades avoisinant le kopje de Nelson's Fountain, avait suivi le Révérend et ses deux associés, comme le chacal qui espère ronger les os abandonnés par les grands fauves. Le pirate noir et le pirate blanc s'entendaient toujours à merveille. Moins ambitieux que ce dernier, Caïman ne rêvait qu'une bombance épique, un formidable régal de l'estomac. L'occasion s'offrait d'elle-même. Pieter, en tacticien prudent, voulait mettre tous les atouts dans son jeu. Or, si d'une part les Makololos réussissaient à anéantir les diggers, Pieter n'avait plus à redouter ses ennemis, mais il n'aurait pas ses bœufs. Si d'autre part les noirs étaient repoussés par les mineurs, ledit Pieter ne serait pas débarrassé de voisins dont il appréhendait les représailles. L'arrivée de Caïman le tira d'affaire. Caïman se précipiterait avec sa troupe sur le lieu de l'action au moment où tout le monde serait aux prises. Il égorgerait vainqueurs et vaincus et recevrait, en récompense de ses services, l'autorisation de piller le digging.

La fatalité voulut que les mineurs, après les dramatiques incidents qui interrompirent les assises nocturnes, fussent réunis sous la tente du publicain. L'ivresse aidant, ils devinrent pour les Africains furieux une proie facile. Non pas qu'ils n'eussent essayé une vigoureuse résistance, mais, cette attaque inopinée, succédant à la déclaration de guerre formulée par le chef, déclaration qu'ils prenaient tout d'abord pour une fanfaronnade de sauvage, l'élan irrésistible des assaillants, les terribles procédés de destruction qu'ils employaient, tout concourut à hâter leurs défaite.

Les indigènes, de leur côté, étaient fort maltraités.

Les balles des revolvers avaient opéré dans leurs rangs des trouées nombreuses. Leur succès, quelque incontestable qu'il fût, ressemblait fort à une victoire à la Pyrrhus. Aussi, le cri de triomphe poussé par les survivants, hélas ! bien peu nombreux, dominait-il à peine les plaintes des blessés et les râles des agonisants.

Bientôt, d'ailleurs, il n'allait plus y avoir ni vainqueurs ni vaincus. Un hurlement lugubre s'éleva soudain et couvrit les multiples bruits s'échappant du champ de carnage. Pieter fit un signe et les bandits de Caïman, brandissant leurs piques et leurs couteaux, bondissant comme des fauves, traversèrent, comme une fantastique et terrible apparition cette scène de désolation. Tout disparut en un clin d'œil sous la poussée de ces corps agités de mouvements démoniaques. Des tables et des bancs épars s'effondrèrent avec des craquements éclatants ; tout ce qui subsistait de l'ancien ameublement, déjà mis hors d'usage dans la première bagarre, fut littéralement réduit en miettes ; les antagonistes, blancs ou noirs, encore debout, roulèrent, culbutés sous ce choc irrésistible, et leurs corps pantelants vinrent s'ajouter au sinistre entassement de morts et de mourants.

Puis le massacre commença. Méthodique et furieux tout à la fois, il s'étendit à tous avec une implacable impartialité. Cadavres convulsés encore par la lutte suprême, moribonds râlant leur dernier souffle, blessés criant grâce ou appelant à l'aide, furent troués, assommés, éventrés. Une nappe rouge, au milieu de laquelle glissaient les égorgeurs, s'étala sur le sol, formant un tapis lugubre aux troncs béants, aux membres rompus, aux entrailles arrachées !

Cette scène d'horreur dura dix minutes à peine, tant les monstres étaient acharnés à cet acte d'inqualifiable sauvagerie. Caïman, souillé de sang des pieds à la tête, les narines dilatées, les lèvres retroussées découvrant ses dents aiguës de félin, tenant par les cheveux la tête d'un blanc dont il venait de scier le col avec un mauvais couteau, se hissa sur un monceau de cadavres et, brandissant son hideux trophée, poussa un long hurlement de triomphe.

Son regard semblait chercher Pieter, comme pour lui dire :

— Maître, es-tu content ?

Mais le Boer, qui avait assisté impassible à cette orgie de sang, n'était plus là.

Qu'importait d'ailleurs à Caïman l'absence de son complice. Il avait accompli sa besogne en conscience et, puisque le pillage du kopje devait être sa récompense, il voulait, sans plus tarder, s'emparer des richesses contenues dans l'établissement. Les liquides devaient naturellement avoir la préférence. On verrait plus tard à s'approprier les habillements, les armes et les outils contenus dans les magasins.

Le misérable allait rallier sa horde et se mettre en quête. Il ouvrait déjà la bouche pour proférer son ordre, quand une détonation sonore se fit entendre. Caïman, le crâne fracassé par une balle, tournoya deux tours sur lui-même et s'abattit comme une masse. Un second, un troisième coup de feu retentirent à quelques secondes d'intervalle, et deux hommes, également frappés en plein front, roulèrent, foudroyés. Puis, la série continua, mesurée, implacable, toujours mortelle.

Ces détonations partaient du même point. A en juger par leur régularité, ainsi que par la similitude de leur tonalité, elles devaient être produites par un seul tireur armé sans doute d'une carabine à répétition. Ce vengeur de la dernière heure était probablement embusqué derrière une baraque, à proximité de la tente dont les parois arrachées permettaient de distinguer, comme en plein jour, la troupe des égorgeurs. Ceux-ci, frappés d'épouvante, privés de leur chef, voyant leurs rangs s'éclaircir, oublièrent soudain leurs idées de pillage et s'enfuirent de tous côtés en poussant des cris de terreur.

Le râlement strident du pickakolou en fureur arrêta bientôt les plus agiles. En dépit de la terreur produite par les effets de ce redoutable feu de file, leur oreille exercée ne se trompa pas sur la provenance du bruit. Quelque bien imité qu'il fût, ils s'aperçurent, à quelques nuances insaisissables dans la modulation, que ce froissement métallique était produit par un homme. Ils ne s'étaient pas trompés. La haute silhouette de Pieter se dressait à ce moment dans l'ombre, à une vingtaine de mètres du lieu du massacre. Le Boer, prudent comme un véritable Mohican, s'était prosaïquement aplati sur le sol au moment où retentissait le premier coup de feu, dont il attribuait, avec raison peut-être, la cause à un mineur échappé au carnage. Enchanté du résultat de sa hideuse diplomatie, le bandit, voyant qu'il avait tout à perdre en restant plus longtemps dans le voisinage de cet abattoir humain, s'était empressé de rassembler les assassins désorientés par la mort de leur chef.

Débarrassé de toute appréhension relativement aux mineurs, voyant d'autre part les Makololos anéantis, il avait hâte de retourner au campement, de s'emparer des bœufs, objets de sa convoitise, et d'aller rendre compte à Sam Smith du succès de sa négociation.

La capture du troupeau, confié à la garde de quelques vieillards, des femmes et des enfants, serait chose facile. Quant aux hommes de feu Caïman, il allait les conserver sous sa main, en attendant l'occasion de les utiliser par la suite, si les circonsiances l'exigeaient. Ils prendraient tout naturellement la place des Makololos égorgés et se trouveraient ainsi, en raison d'une substitution que des événements, analogues rendent, hélas ! trop fréquente, nantis chacun d'une famille complète.

La retraite s'opéra en bon ordre. Les misérables ignorant si les coups de feu qui les avaient mis en fuite allaient être suivis d'un retour offensif d'ennemis dont ils ne pouvaient connaître le nombre, sentaient d'instinct le besoin de discipline. Ils se groupèrent autour du Boer et se retirèrent promptement, non sans lancer d'éloquents regards de regret vers la direction du kopje, dans lequel ils abandonnaient un plantureux butin.

Le dernier membre de la horde sinistre avait quitté le champ de carnage depuis quelques moments, quand un homme, armé d'une carabine winchester, à canons superposés, s'avança lentement au milieu du charnier où gisaient, épars, dans un pêle-mêle navrant, d'innombrables cadavres.

Les lueurs mourantes de quelques lampes restées accrochées par miracle aux poteaux éclairèrent ses traits qui reflétaient l'expression d'une douloureuse stupeur. Il fit quelques pas encore et glissa dans une mare de sang.

C'était l'Ingénieur, le seul survivant peut-être de cette affreuse tuerie. Le hasard qui l'avait séparé des lyncheurs au moment où l'invasion des serpents les mettait en fuite, l'avait seul préservé. Après son entretien avec les trois Français, il avait lentement regagné le kopje et s'était enfermé dans sa cabane de planches, sans penser naturellement à participer à l'orgie. Les cris et les détonations le firent tressaillir sur sa couche de feuillages. Il s'arma en toute hâte et arriva, en dépit de ses efforts, au moment où la catastrophe était sans remède.

A la vue de ce spectacle inouï de ses compagnons

étendus sans vie dans des attitudes témoignant de l'acharnement de la lutte, des blessures épouvantables dont ils étaient criblés, des mutilations que leur avaient fait subir les noirs assassins, un long gémissement sortit de sa poitrine et s'exhala en un sanglot. Puis, deux larmes, qu'il ne put retenir, montèrent lentement à ses yeux et roulèrent sur ses joues couvertes soudain d'une pâleur livide.

— Les malheureux !... murmura-t-il.

Puis, il demeura immobile, appuyé sur son arme, au milieu de ce silence mortel enveloppant ce lieu rempli naguère d'un tumulte indescriptible.

— Allons, reprit-il, après quelques instants d'une douloureuse contemplation, puisque je ne puis rien pour eux, je dois penser à ceux qui faillirent devenir leurs victimes.

» Il me faut retrouver au plus tôt ces amis d'une heure et remplir la promesse que je leur ai faite, de leur fournir les armes dont ils ont besoin...

Pieter, pendant ce temps, ralliait le campement d'où étaient partis, pleins d'espoir, les malheureux Makololos. On devine sans peine la scène qui se produisit au moment où cette nouvelle troupe fit son apparition. Le Boer n'était pas homme à s'arrêter aux plaintes poussées par de pauvres femmes, d'infortunés enfants se trouvant tout à coup sans époux et sans père.

— La paix !... commanda-t-il brusquement. Et vous autres, dit-il aux hommes de Caïman, vous êtes dorénavant les maîtres, ici. Faites-moi donc taire ces braillardes.

Puis, il ajouta, en aparté :

— C'est égal, voilà qui s'appelle de bonne besogne ; si Mr. Smith n'est pas content, il sera bien difficile.

» Mais, j'y pense, il me serait possible de faire d'une pierre deux coups. J'ai l'attelage, il me faut le wagon.

» Un wagon !... Eh !... pardieu, je sais où en trouver un. Celui de Klaas, notre excellent frère. Klaas se fera un plaisir de me l'offrir. Car, s'il avait la folie

de refuser... ma foi, tant pis pour lui, je mettrais
à ses trousses une vingtaine de ces lascars qui le
traiteraient comme ils ont tout à l'heure traité les
mineurs du kopje Victoria.

CHAPITRE X

En présence du wagon abandonné. — Précautions de
coureurs des bois. — Mutilation de l'appareil flotteur.
— Guerre de sauvages. — Rayon d'espérance. — La
trouvaille de Joseph. — Le radeau de Klaas. — Savoir
attendre. — Barbarie aux prises avec la civilisation.
— Nécessité est mère de l'industrie. — Charpentiers,
chaudronniers et calfats, avant de devenir matelots.
— Comment Alexandre réparait les   ies d'eau. — Procédé ingénieux pour pratiquer une soudure quand on
ne possède ni fer, ni feu, ni étain. — Application d'une
expérience de physique amusante. — Coup de feu.

Absorbé par le récit des événements multiples qui
se déroulent simultanément, nous avons été con-
traints d'abandonner les trois Français et leurs noirs
auxiliaires, Zouga et le Bushman, en amont de la
grande cataracte. Persuadés que Mme de Villeroge se
trouvait dans le dray échoué près de la berge du
fleuve, au milieu d'une déclivité de terrain encore
emplie par l'inondation, ils avaient résolu d'attendre
la nuit pour tenter de délivrer la prisonnière. Albert,
dévoré d'angoisse, avait devancé ce moment et opéré
tout seul une reconnaissance dans la direction du
wagon. L'on peut juger de sa douleur quand il constata que la maison roulante venait d'être évacuée.

Abandonnant toute prudence, il revint en courant,
trouant dans son élan furieux les broussailles qu'il
avait mis plus de deux heures à traverser, en usant
de toutes les précautions usitées en pareil cas par les

coureurs des bois. Haletant, éperdu, il fit part à ses amis de cette découverte désastreuse qui les plongeait de nouveau dans la plus douloureuse incertitude.

Mais, Albert de Villeroge n'était pas une petite maîtresse sujette aux pâmoisons. Cet instant de défaillance bien naturelle fut court. Il dompta son émotion, apaisa les soubresauts de son cœur, s'affermit sur ses jambes et rompit bientôt le silence qui avait suivi l'annonce de la fatale nouvelle.

— Partie !... elle est partie !... dit-il d'une voix plus calme. Mais elle ne peut être bien loin.

— Sans doute, répondit Alexandre. Le Boer, pensant tout naturellement que nous n'étions pas hommes à abandonner la poursuite, aura voulu nous donner le change.

— Quoi qu'il fasse, le dénouement approche ; car, je le défie bien, en dépit des ruses qu'il essaiera de nous opposer, d'arriver à dissimuler sa trace.

— Surtout aux limiers à deux jambes que nous possédons.

» N'est-ce pas, Zouga ?...

— Oui, chef, répondit le Cafre, dont les yeux lancèrent un éclair rapide.

— Nous allons donc partir sans plus tarder, rejoindre le wagon, inspecter minutieusement les alentours, interroger chaque pli de terrain, scruter tous les brins d'herbe, tous les grains de sable...

— Eh ! interrompit Joseph, jusqu'alors silencieux, vous devez bien penser aussi que Mme Anna aura fait tous ses efforts pour nous laisser quelques indices.

» La chère dame connaît le désert et elle nous a déjà montré que sa résolution n'est point inférieure à son intelligence.

— Eh bien ! en route !

— A propos, n'oublions pas que l'Ingénieur nous a donné rendez-vous vers minuit près du banian, ajouta Alexandre, frissonnant malgré sa vaillance, en évoquant le lugubre souvenir des dramatiques incidents de la nuit précédente.

— C'est entendu. Les événements décideront si

nous devons nous y rendre tous les cinq. Dans tous les cas, tu iras accompagné de Zouga, n'est-ce pas, Alexandre ?

» Je n'ai pas besoin de te dire dans quels termes tu témoigneras ma reconnaissance à ce noble et digne homme, si, malgré mon désir d'aller lui serrer la main, je me trouvais immobilisé là-bas.

Tout en conversant, les cinq membres de la petite troupe s'avançaient, l'œil et l'oreille aux aguets, dans la direction du wagon dont ils apercevaient distinctement les formes massives.

— Mais, dit Alexandre en voyant que l'énorme machine, reposée d'aplomb sur ses quatre roues, était immergée jusqu'aux essieux, tu ne m'avais pas annoncé cette particularité.

— C'est vrai. J'étais tellement bouleversé ! Tu vois d'ailleurs que les eaux sont peu profondes. Nous avons à risquer un simple bain de pieds.

— Ce n'est pas cela dont il s'agit. Je veux dire que le dray étant isolé au milieu de cette flaque d'eau longue de trois cents mètres et large de moitié, nous ne pourrons pas trouver sur le sol les empreintes que nous devions y rencontrer.

— Je compte sur l'ingéniosité d'Anna.

— Le chemin du Petit Poucet, ajouta presque gaiement Joseph.

— Sur l'eau ?

— Ce n'est pas la première fois. Et, d'ailleurs, le courant ne se fait pas sentir sur cette espèce de lagune. Le moindre vestige flottera sans être entraîné.

— Bravo ! tu as réponse à tout. Mettons-nous donc à l'eau et ouvrons l'œil.

Au bout de dix minutes, ils étaient en présence de la maison de bois. Le panneau de l'avant et celui de l'arrière, abattus sur leurs chaînes comme la plateforme d'un pont-levis, laissaient à découvert une partie de l'intérieur. Au lieu de se précipiter en étourdis dans cet antre désert, les cinq hommes, prudents à rendre des points à des Peaux-Rouges suivant le sentier de la guerre, examinèrent minutieusement toute la partie extérieure, s'assurèrent que les planches et les madriers étaient bien en place, que les boulons servant à les relier n'avaient pas été enlevés, et que, enfin, ces lourds matériaux n'allaient pas se désagréger au moindre choc, s'effondrer et les broyer sous leurs débris.

Ce premier point établi, Albert s'enleva lestement à la force des poignets, opéra un rétablissement indiquant un gymnaste consommé et se hissa sur le panneau de l'arrière. Alexandre et Joseph le suivirent, puis le Bushman, puis enfin Zouga. Après un nouvel et non moins attentif examen, qui ne révéla rien de suspect, ils s'avancèrent dans l'intérieur.

On pourrait peut-être s'étonner de ce luxe de précautions pour pénétrer dans une épave solitaire, complètement isolée au milieu des eaux, et dans laquelle, étant donnée sa position, aucun être animé ne pouvait avoir élu domicile.

Les paroles qui suivent, prononcées par Albert, répondront à cette objection toute naturelle.

— Vous ne voyez rien d'anormal, n'est-ce pas ?

— Absolument rien. Il serait du reste bien difficile de se reconnaître, au milieu de ce chaos invraisemblable attestant un départ précipité...

— Ainsi que l'intention de mettre hors d'usage tous les objets n'ayant pu être emportés.

— Raison de plus pour n'avancer le pied, ne poser la main qu'à coup sûr. Je me défie des artifices diaboliques de ces sauvages blancs qui sont bien les êtres les plus rusés et les plus vindicatifs que je connaisse.

» Aussi, je m'attends à tout. Une hache, posée en équilibre sur les cercles de la voiture, pour nous tomber sur la tête. Peut-être allons-nous mettre le pied sur une lame de couteau ou une pointe empoisonnée, traîtreusement dissimulées dans le plancher. Qui sait, enfin, si une ficelle invisible, tendue au milieu de ces débris sans nom, ne va pas, au moindre mouvement, actionner la détente d'un fusil placé comme un piège à loups et nous envoyer en pleine poitrine une poignée de chevrotines.

— C'est vrai, tout est possible. Le gredin, pensant

que nous sommes à sa poursuite, aurait pu tenter de nous mettre ainsi hors de combat, quoique la précipitation avec laquelle il a procédé à l'évacuation ait dû l'en empêcher.

» Je n'ai pas besoin de vous engager à ne pas toucher aux provisions, sauf, bien entendu, à celles qui se trouveront, par hasard, dans leurs boîtes de fer-blanc parfaitement intactes.

Les recherches, opérées avec d'infinies précautions, furent continuées pendant longtemps encore, sans autre résultat que de démontrer aux Français que leur ennemi n'avait pas pu mettre en œuvre un de ces barbares stratagème d'un usage, hélas ! trop fréquent dans ces luttes sans merci. Ils ne perdaient cependant pas l'espoir de découvrir un indice, quelque vague qu'il fût, laissé par Mme de Villeroge, au moment du départ, et grâce auquel ils pourraient reprendre la poursuite si malheureusement interrompue.

Le wagon, rempli d'objets de toutes sortes patiemment accumulés en vue d'un voyage lointain, offrait alors le spectacle d'un pandémonium indescriptible. La cargaison, broyée, mutilée, démolie, s'étalait en monceaux informes où se confondaient les choses les plus disparates, saccagées pour ainsi dire méthodiquement et avec une véritable entente de l'art de détruire. Il était impossible de penser à mettre un peu d'ordre dans ce fouillis sans nom et les trois amis, aidés des deux noirs, durent se borner à déménager un à un tous ces débris, les examiner en détail et les jeter à l'eau. Travail bien long, bien ingrat surtout, et dont la récompense se faisait indéfiniment attendre.

— Et pourtant, disait Albert, il est impossible que nous ne trouvions rien.

— Je partage ton espoir, répondait Alexandre, toujours calme. Cherchons encore. Le temps ainsi employé ne peut être perdu.

Joseph qui, contre son habitude, n'avait pas encore desserré les dents, semblait préoccupé. Il rompit enfin le silence.

— Savez-vous, messieurs, à quoi je pense, en ce moment ?

— Je m'en doute bien un peu, fit Alexandre.

— Pas possible.

— En vérité. Vous vous demandez pourquoi ce coquin de Boer a ainsi abandonné le wagon ?

— Vous avez à moitié deviné, monsieur Alexandre. Je me demande pourquoi et comment ?

— Le motif, mon cher Joseph, est facile à concevoir. Le misérable, immobilisé ici dans cette lourde machine, n'ayant plus d'attelage pour la mouvoir, a pensé tout naturellement à se retirer. C'est élémentaire. Quant au procédé employé pour opérer cette retraite, j'en suis réduit à une conjecture, peut-être erronée. La fuite du Boer remonte à cinq ou six heures au moins. A ce moment, les eaux étaient encore très hautes et il n'a pu emmener Mme de Villeroge et sa compagne de l'autre côté de la lagune. Je crois qu'il a gagné à la nage ce bois que nous apercevons en face. Ensuite, soit qu'il ait pu trouver un canot, soit qu'il ait construit un radeau, il sera revenu, ici, chercher les deux captives...

— C'est vrai, interrompit Albert avec vivacité.

» Pauvre chère enfant ! que d'angoisses ! que de fatigues !... Hélas ! en serai-je réduit toute ma vie à déplorer à chaque instant ma fatale ambition, à maudir ma témérité ?...

— Courage, ami, encore une fois, courage ! Nous savons qu'elle n'est pas seule en butte aux obsessions de ce monstre. L'aveugle destinée qui l'a séparée de toi a permis au moins qu'elle eût une compagne, dont la présence atténue l'horreur de sa solitude. Unies par leur commune infortune, elles auront, tout à la fois, plus d'énergie pour résister et plus d'initiative pour préparer l'œuvre de leur délivrance.

Une exclamation retentissante poussée par Joseph l'interrompit.

— Avaï !... Avaï !...

— Qu'y a-t-il, Joseph ?

— Cerbi !... reprit le Catalan en agitant la couvercle métallique d'une caisse à biscuit, vous aviez raison de ne pas désespérer.

» Tenez ! regardez donc. Il y a des écritures, là-dessus... des écritures faites avec une pointe de couteau.

— Donnez, Joseph, donnez, mon ami.

Alexandre, plus maître de lui qu'Albert, étreint par une légitime émotion, déchiffra quelques mots formés en lettres difformes, devenant brusquement carrées ou angulaires, sous les déviations de la pointe ayant servi à les tracer :

« Il nous emmène... radeau... traversons fleuve... »

— C'est concluant, reprit le jeune homme de sa voix calme, et nos prévisions sont de tout point justifiées.

— Mais, s'écria Albert hors de lui, le misérable est encore plus criminel et plus fou que je ne le supposais. Comment, il ose tenter une pareille aventure sur un radeau ?

» Quelques branches entrelacées, pour traverser ce géant des fleuves, alors qu'il avait à sa disposition ce wagon que nous avons vu flotter comme un navire ?

— La manœuvre d'une pareille masse est impossible pour un seul homme, reprit fort judicieusement Alexandre.

» Et d'ailleurs, le dray est-il toujours parfaitement étanche ? Il me semble, au contraire, que tous ces haillons encombrant le fond sont complètement saturés d'eau. Peut-être la coque a-t-elle subi une avarie volontaire ou accidentelle !

» Puisque nous sommes suffisamment édifiés sur ce que nous voulions savoir, hâtons-nous de déblayer le plancher et de nous assurer si, oui ou non, il est toujours en état.

— A quoi bon ? L'essentiel est de retourner au point où nous avons laissé notre canot et les deux embarcations indigènes de Zouga, de traverser le Zambèze, de hâtre la rive sans plus tarder.

— ... Et de nous faire canarder un à un par le Boer, embusqué sans doute derrière une roche ou un tronc d'arbre.

» Mon pauvre Albert, je ne te reconnais plus, toi, l'homme aux expédients infaillibles et dont la prudence égale la bravoure, ce qui n'est pas peu dire.

— Mais que veux-tu donc faire ?

— Ne pas manquer, ce soir, notre rendez-vous avec l'Ingénieur ; j'éprouve le besoin de me sentir une bonne carabine entre les doigts. Puis, demain matin, nous nous mettrons en route pour l'autre rive.

— Mais que faire, pendant ce temps ?

— Nous armer de patience et mettre en état de flotter cette montagne de bois qui prend l'eau comme une cage à poules.

» Tiens ! je m'en doutais. Notre butor a troué cette superbe coque de tôle galvanisée. Vois ces ouvertures quadrangulaires, provenant certainement de coups de pic. Ceci n'est rien. Nous les boucherons avec des chevilles.

» Diable ! voici qui est plus grave.

— Quoi ?

— Cette déchirure, longue de vingt-cinq centimètres et large de quinze.

» Nous en viendrons pourtant à bout, continua-t-il après quelques secondes d'examen, et, ce soir, tout sera radoubé.

» Ah ! monsieur Klaas, vous avez voulu jouer au plus fin avec nous et mettre hors d'usage cette excellente machine ; nous verrons si votre sauvagerie aura raison de notre civilisation.

— Je ne comprends plus, reprit Albert, et j'ignore absolument ce que tu veux faire. Commande, agis à ta guise, j'exécuterai tout ce que tu ordonneras. J'ai foi en toi, car je pense que tu fais pour le mieux.

» Je me contenterai d'une seule observation : le temps presse.

— D'accord. Mais si, au lieu de te laisser aller dans la pirogue essayer d'opérer une tentative insensée pour débarquer de l'autre côté, je te fournissais une forteresse mobile, pourvue de meurtrières, et dans laquelle tu serais à l'abri des balles comme dans une casemate, m'accorderais-tu bien quelques heures pour la préparer ?

— Sans doute, puisqu'il ne s'agit pas seulement de partir, mais encore d'arriver sans encombres.

— A la bonne heure. J'aime à te voir ainsi et je suis heureux de retrouver l'homme raisonnable et fougueux tout à la fois qui s'appelle Albert de Villeroge.

» Quant à la forteresse, casemate ou frégate, comme tu voudras l'appeler, tu devines sans peine que c'est ce wagon. Nous allons l'alléger autant que possible, le pourvoir d'avirons...

— Mais la coque ?...

— Je te répète encore une fois que nous la ferons passer au bassin de radoub. Nous serons chaudronniers, charpentiers, calfats, que sais-je encore, avant de devenir matelots.

» Puis, quand notre machine sera parée à flotter, nous irons, Zouga et moi, au rendez-vous avec l'Ingénieur. Nous ramènerons, à notre retour, la pirogue et les canots de « ceux de l'Alligator ». Notre navire sera, de cette façon, pourvu de ses embarcations de sauvetage, au cas où nous aurions à subir un sinistre maritime, ou simplement fluvial, ce qui, dans l'espèce, ne vaut pas beaucoup mieux.

» Es-tu enfin satisfait ?

— Ton plan est admirable. Mais je n'ose croire à sa réalisation.

— En quoi ?

— Les déchirures de la coque sont nombreuses ; l'une d'elles est énorme.

— Nous mettrons une pièce plus grande. C'est même par là que nous devons commencer.

» Allons, camarade, à l'œuvre !

» Vous m'autorisez à distribuer la besogne, n'est-ce pas ?

— Parbleu !

— Il est essentiel d'opérer simultanément, afin d'aller le plus vite possible. Les eaux baissent assez rapidement ; il faut, en conséquence, que notre radoub soit terminé avant leur retrait, sans quoi nous resterions échoués ici.

» Zouga et le Bushman vont alléger tout d'abord le dray en jetant au dehors la majeure partie de ce qu'il renferme encore. Je ne vois rien, en ce moment, valant la peine d'être conservé.

» Quant à vous, Joseph, êtes-vous un peu charpentier ?

— Dame ! monsieur Alexandre, cela dépend.

— Vous sentez-vous le talent nécessaire pour me fabriquer des chevilles égales en dimensions aux trous pratiqués dans la coque, par ce sauvage de malheur ?

— Sans doute, avec du bois et un instrument tranchant.

— Le bois ne manque pas ici. Il vous suffit d'arracher un morceau des ridelles.

— Cela peut se faire. Mais je ne possède même pas un couteau de cinq sous.

— Prenez cette hache. Bien qu'elle n'ait pas de manche, vous vous arrangerez de façon à l'utiliser, quelque incommode qu'en soit le maniement.

» Quant à nous, mon cher Albert, la tâche qui nous incombe est plus difficile.

— En effet. Nous restons en présence d'une ouverture irrégulière, trouant une plaque de métal à laquelle il me semble bien malaisé de mettre une pièce.

— C'est une erreur, car je vais, avec ton aide, souder ici un morceau qui empêchera l'introduction d'une seule goutte d'eau.

— Tu dis bien souder... quand tu n'as ni un morceau d'étain ni un fer de plombier, quand nous n'avons même pas de feu.

— Oh ! ce ne sont pas les seules choses qui nous manquent. Et, pourtant, nous allons nous tirer d'affaire.

» Procédons avec ordre. J'ai avisé tout à l'heure une caisse remplie de saindoux. Bon, la voici. Remplis avec cette graisse une boîte de conserve. Il nous fandrait maintenant quelques fils.

— La bâche de toile couvrant le wagon va nous en fournir.

— Très bien. Voici les fils demandés. Je les tords comme une mèche et les empâte dans le saindoux. Cet appareil élémentaire doit nous procurer une veilleuse qui brûlera avec une flamme assez intense pour répondre à nos besoins.

» Zouga, as-tu toujours ton briquet et ton amadou ?

— Oui, chef, répondit le noir, étonné que l'Européen lui demandât s'il était nanti de ces objets constituant le *vade mecum* indispensable de tout indigène.

— Allume cette mèche.

Le Cafre fit, en quelques coups rapides, jaillir d'un silex une gerbe d'étincelles. L'amadou s'enflamma ; il l'entoura de quelques copeaux laborieusement enlevés par Joseph à un morceau de chêne, souffla sur le minuscule bûcher, qui, bientôt, prit feu à son tour.

Un instant après, la mèche imbibée de graisse flambait en crépitant avec une fumée parfaitement écœurante, d'ailleurs.

— Quelle horrible cuisine d'Esquimaux nous fais-tu donc là ? demanda Albert.

— Tu calomnies le saindoux du Boer. Mais c'est de l'encens, en comparaison de l'huile de phoque ou de baleine.

» Ah ! voilà qui est bien. Continuons nos préparatifs. La plaque sur laquelle Mme de Villeroge a tracé les quelques mots indiquant sa direction va nous servir à boucher cette déchirure qui nous donne tant de tracas.

» Il faut mettre cette pièce à plat sur l'ouverture. Elle déborde un peu de tous côtés. C'est parfait. Il ne nous reste plus maintenant qu'à la souder. Comme tu me le faisais observer fort judicieusement, nous n'avons pas d'étain. Je vais donc souder avec du plomb.

— Mais comment espères-tu le faire fondre ? As-tu même du plomb ?

— Le premier objet que j'ai trouvé en entrant, est ce petit sac rempli de balles calibre huit, servant sans doute à charger le roër de notre butor. J'ai précieusement mis ce sac de côté, car le contenu en vaut la peine.

» Tu as bien encore un mouchoir ?

— Un mouchoir ! Et pourquoi faire, grand Dieu ?

— Pour fondre ces balles. J'ai par bonheur conservé cet objet de luxe. Nous perdrons moins de temps en opérant ensemble.

» Tiens, vois comme c'est simple. Je prends une balle, je l'enroule dans le tissu que je serre fortement, de façon à obtenir une adhérence complète. Je tords en forme de queue l'excédent du mouchoir, et je présente à la flamme de ma veilleuse la sphère métallique dans son enveloppe de toile.

— Et la balle va fondre...

— En quelques minutes, sans même roussir le mouchoir.

» Quand le plomb sera en fusion, il suffira de diriger adroitement sa chute au point de jonction des deux feuilles que nous voulons faire adhérer l'une à l'autre.

Les prévisions du jeune homme se réalisèrent pleinement. Deux minutes s'étaient à peine écoulées que le globe perdait sa forme. Une coulée argentée s'échappait du tissu, s'épanchait au bord de la plaque recouvrant l'ouverture et obturait, en se refroidissant, une partie de la fissure.

— Bravo ! s'écria Albert avec une joie d'enfant et en imitant la manœuvre de son ami.

» Il suffira de renouveler l'opération cinq ou six fois pour que l'imperméabilité soit complète.

» Mon cher Alexandre, permets-moi de te dire que ton procédé est tout bonnement étourdissant.

— Oh ! répondit modestement le jeune homme, c'est la simple application d'une petite expérience de physique amusante, dont j'ai eu le bonheur de me rappeler en temps et lieu.

» Eh bien, Joseph, où en êtes-vous, mon camarade ?

— C'est fini, monsieur Alexandre, et pas sans peine.

— Bon. Entourez ces chevilles avec quelques chiffons et enfoncez-les dans les trous.

» Quant à nos déménageurs, ils ont vaillamment opéré. Le dray est presque vide.

— Et la coque parfaitement étanche, s'écria triomphalement Albert.

— Il nous reste à accomplir une dernière opération qui exigera autant de force que d'adresse.

— Tu veux dire la mise à flot du wagon encore suspendu sur ses roues à quelques centimètres de l'eau.

» Si nous avions une scie, il suffirait de couper les deux essieux qui sont en bois.

» Mais, continua Albert. il existe un autre moyen. Ces roues sont maintenues extérieurement par de simples clavettes. Ne serait-il pas possible d'enlever ces clavettes, puis, quatre d'entre nous s'armant chacun d'un levier, pousseraient latéralement les roues de façon à les déboîter en même temps ?

» Le cinquième commanderait la manœuvre.

— C'est le seul procédé possible et nous allons le mettre en œuvre séance tenante.

Alexandre, en prononçant ces paroles, se trouvait presque en face de l'ouverture laissée béante par le retrait du panneau de l'arrière. Un sifflement aigu, aussitôt suivi d'un bruit sec, lui coupa la parole. Une balle venait de le frôler à l'épaule, et s'enfonçait dans la muraille de bois en faisant voler des éclats de tous côtés.

— Qui diable s'amuse à nous canarder ainsi ? dit-il de sa voix tranquille.

» C'est égal, je viens, encore une fois, de l'échapper belle.

CHAPITRE XI

Après le coup de feu. — Il faut en finir. — Ruse de
guerre. — La proie et l'ombre. — Les travaux des as-
siégés. — Sous le feu de l'ennemi. — Manœuvre périlleuse. — Succès complet. — En bateau. — Précipitation. — Appareillage. — Sur le Zambèze. — Le Cafre
en reconnaissance. — La piste à travers bois. — Au
milieu de la clairière. — Foyer éteint. — Empreintes.
— Course furieuse. — Imprudence.

Un groupe d'hommes s'agite au bord de la lagune,
sur laquelle, dans quelques minutes, allait flotter le
wagon. Il est impossible de se méprendre à leurs intentions, puisque l'un d'eux, sans sommation
aucune, vient de faire feu. Alexandre n'a échappé
que par miracle au projectile. Il faut pourtant en
finir, car les eaux se retirent ; bientôt le dray sera à
sec.

Les intrépides compagnons ne perdent pas la tête.
Puisant dans l'imminence du péril une vigueur nouvelle, ils prennent la résolution de jouer leur va-tout
et d'exécuter séance tenante la manœuvre. Par bonheur, le chariot est placé parallèlement au fleuve.
Un de ses côtés se trouve en conséquence à peu près
abrité contre les projectiles que les ennemis ne man-
queront pas d'envoyer, s'ils constatent le moindre
mouvement suspect.

Albert et Joseph se sont armés chacun d'un madrier enlevé à une des parois latérales. Ils réclament

le périlleux honneur de commencer cette opération, déjà bien hasardeuse en tout autre moment, et dont la présence des assaillants centuple les difficultés et les périls, Ils conviennent, à tout hasard, de diviser le travail en deux parties et de retirer d'abord les roues faisant face au Zambèze. Une idée originale traverse en ce moment l'esprit toujours inventif d'Alexandre. Aviser dans un coin une défroque sordide, composée d'une mauvaise vareuse, d'un pantalon effiloqué et d'un chapeau informe, ajuster à la diable quelques morceaux de planches, les couvrir de ces haillons et improviser un mannequin grossier, est pour lui l'affaire d'un moment.

— Eh ! que prétends-tu faire de cet épouvantail, qui ferait un excellent effet au milieu d'un verger pour effaroucher les moineaux ? demanda Albert, intrigué.

» Les gredins qui en veulent à notre peau ne me semblent pas d'humeur à s'effrayer devant une pareille exhibition.

— Aussi, n'est-ce point là ce que j'attends de mon bonhomme, répond Alexandre en riant silencieusement.

» Laisse-moi faire, tu verras que mon idée n'est pas si naïve.

— Mais encore ?

— Quand une garnison veut faire une sortie ou réparer sans trop de danger des ouvrages de défense, elle a coutume d'occuper l'assaillant par une fausse attaque dirigée sur un point opposé.

— Parfaitement.

— C'est mon mannequin qui sera chargé de cette opération stratégique.

— Bravo ! à l'œuvre ; j'ai compris.

» Joseph, tu es prêt ?

— Quand vous voudrez, monsieur Alexandre.

— Attendez un moment, continua Alexandre. Je vais présenter au bout d'une perche mon bonhomme à l'ouverture de l'arrière. Pendant ce temps, glissez-vous par l'avant. Dissimulez-vous derrière les roues et détachez les clavettes.

» L'ennemi n'ose pas encore avancer. Notre silence l'effraye au moins autant qu'une vigoureuse riposte. Nous avons encore quelques minutes. C'est plus de temps qu'il ne nous en faut.

» Bushman, tu as encore ton arc et tes flèches ?

— Oui, chef.

— Très bien, mon brave. Tiens-toi prêt à embrocher le premier drôle qui tentera d'avancer.

Les prévisions du jeune homme se réalisèrent pleinement. Au moment où le mannequin faisait une rapide apparition devant le panneau, un nouveau coup de feu retentit. La balle troua les haillons, sans autre résultat, d'ailleurs, que d'ajouter un nouveau lambeau à la collection aussi variée que pittoresque.

Albert et Joseph, profitant de ce moment de répit, sont immergés déjà et s'abritent derrière les grandes roues pleines, formant de larges disques.

— Bien tiré, murmure Alexandre. La sûreté du coup, la force et la détonation, l'intensité du nuage de poudre, tout semble m'annoncer que cette balle sort d'un roër hollandais.

» Le propriétaire du chariot penserait-il à nous le disputer ? Avons-nous affaire à un de ses frères ?

— Les clavettes sont enlevées, s'écrièrent en même temps Albert et Joseph.

— Bon. Introduisez vos leviers entre les roues et la muraille de bois. Prenez un point d'appui solide et attendez mon signal.

— C'est fait.

— Le droy va s'abattre de votre côté. Evitez de vous laisser prendre sous sa masse.

— Entendu.

— Vous y êtes ?

— Oui.

— Une... deux... trois !...

Une légère trépidation agite l'énorme caisse de bois, qui penche tout à coup du côté du fleuve comme si elle allait être culbutée. Puis ce mouvement s'arrête brusquement et un craquement sonore, suivi d'un cri de triomphe, se fait entendre. La lourde machine reprend en un instant sa position horizontale et oscille doucement sur les eaux tranquilles.

Les deux Catalans, brisés par ce terrible effort, mais radieux à l'aspect de ce résultat inespéré, se hissent tout ruisselants et s'écrient, avec une joie folle :

— Il flotte !... Il flotte !... Nous sommes sauvés.

Le chariot, en effet, sollicité par le léger courant qui le pousse vers le fleuve, tourne peu à peu, prend de l'erre et dérive lentement, au grand ébahissement des assaillants, stupéfiés d'un tel prodige.

Les trois amis, soustraits enfin à ce danger imminent, échangent une vigoureuse étreinte, et se mettent en devoir d'imprimer une direction à ce bizarre navire. Que leur importent, pour l'instant, les clameurs furibondes accueillant leur départ et le dernier coup de feu qui salue leur appareillage ?

Le plus intrigué de tous est Alexandre, l'homme au sang-froid superbe, qui pourtant ne s'étonnait pas facilement. Tout en s'appuyant sur une perche solide avec laquelle il fait progresser l'appareil flotteur, il médite laborieusement et s'ingénie, mais en vain, à trouver le motif de cette réussite singulière.

Albert le tira d'embarras.

— C'est la chance, je n'ose dire le hasard qui, pour une fois, nous a enfin favorisés.

» Au moment où nous déboîtions simultanément, Joseph et moi, avec nos leviers, les deux roues placées du même bord, le dray, soutenu à l'opposé par les deux autres roues, tomba brusquement en plan incliné. Les extrémités des essieux, ne pouvant supporter un pareil choc, se sont brisés du coup. C'est alors que la coque, n'étant plus soutenue du côté faisant face à l'ennemi, s'est aussitôt redressée.

» Mais, à propos, sais-tu que cette coque est parfaitement étanche ? Notre radoub est excellent. Je ne vois pas sourdre la moindre goutte d'eau.

— Cette montagne de bois se comporte en effet mieux que je n'eusse osé l'espérer.

— C'est vrai. Nous évoluons d'une façon à peu près

convenable, bien que notre arche d'alliance soit
loin de rappeler un côtre, un sloop...

— Ou même un vulgaire bateau à charbon.

— Enfin, nous voici près d'entrer dans les eaux
du fleuve, reprit Alexandre. Je vois qu'il est urgent
de stopper un moment, afin de procéder à la confection de rames destinées à nous empêcher de dériver
au courant.

» N'oublions pas que nous sommes en amont des
cataractes.

— Des rames... en voici une fabriquée sans doute
par le Boer.

— Elle est parfaitement suffisante et nous n'avons
qu'à lui emprunter le procédé.

— Il nous en faut deux autres. La troisième ser-
vira de gouvernail.

— J'ai précisément mis de côté quelques clous.
Nous utiliserons la hache de Joseph pour tailler les
palettes enlevées aux ridelles.

— Que de lenteurs ! soupire Albert en songeant à
la perte de temps qu'allait entraîner la confection
de ces instruments.

— Lenteurs indispensables, mon pauvre ami, et
qui s'augmenteront encore grâce à notre manque
d'outils.

» Et pourtant, si tu m'en croyais, nous nous met-
trions en route seulement pendant la nuit, ou plutôt
demain matin, avant le jour.

— Tu n'y penses pas, reprit avec impétuosité le
jeune homme. Comment veux-tu que je demeure ici,
passivement, les bras croisés, pendant d'intermina-
bles heures, alors que les minutes s'écoulent pour
moi avec une lenteur désespérante ?

— J'y pense si bien que je compte, pour te décider,
faire appel à toute ta raison.

» Oublies-tu nos canots abandonnés à quelques
centaines de mètres d'ici ?... Et notre rendez-vous
avec l'Ingénieur qui doit, à minuit, nous fournir des
armes ?

» Nous allons, je le sens, jouer la grande partie
finale. Crois-moi, évitons à tout prix une précipita-

tion qui ne pourrait que compromettre un résultat acheté par tant d'efforts.

— Non !... c'est impossible. Je ne puis plus attendre. Ma volonté est cette fois impuissante. Je sens que je deviendrais fou.

— Soit, répondit tristement Alexandre. Partons et puissions-nous n'avoir pas à nous repentir de t'avoir obéi.

Au bout d'une demi-heure, les rames étaient ajustées tant bien que mal. Albert saisit nerveusement l'une d'elles et prit place à l'arrière du wagon. Alexandre et Joseph l'imitèrent et se postèrent à l'avant, après avoir pris soin de relever le panneau, derrière lequel ils se dissimulèrent. Il fallut encore pratiquer dans les parois de la machine deux ouvertures destinées à laisser passer les rames et à leur fournir le point d'appui indispensable à la nage. On y parvint en arrachant à droite et à gauche deux planches au-dessus de la ligne de flottaison.

Albert, qui trépignait sur place, donna enfin le signal du départ. Le massif appareil déborda lourdement et s'avança peu à peu sur les eaux jaunâtres du fleuve qu'il coupait transversalement. En dépit de sa forme et de sa pesanteur, ainsi que des moyens insuffisants dont disposaient les trois hommes, le wagon se comportait assez bien. Mais la progression s'opérait avec une lenteur désolante et au prix de fatigues écrasantes. Comme il fallait à tout prix éviter la moindre déviation, les deux rameurs de l'avant devaient employer toute leur vigueur pour le maintenir dans la ligne, et cette manœuvre, sans cesse renouvelée, cette lutte sans fin contre le courant, amenait peu à peu la courbature de leurs membres, quelque robustes qu'ils fussent.

Pendant ce temps, Zouga et le Bushman, l'œil collé à des fissures produites par les alternatives de soleil et de pluie dans le panneau de l'avant, examinaient attentivement la rive opposée et indiquaient la voie à suivre aux rameurs forcés d'évoluer en quelque sorte en aveugles.

Une pareille constance fut enfin récompensée. Le

dray pénétra bientôt dans la zone des eaux mortes.
A cent mètres à peine s'élevait un inextricable fouillis de végétaux offrant les plus admirables spécimens de la flore tropicale. Les deux noires vigies, n'ayant rien signalé de suspect, on avança encore, puis on stoppa à vingt mètres du rivage.

Zouga quitta son poste, échangea quelques paroles avec Alexandre, gagna l'ouverture de l'arrière, plongea doucement et disparut. Son absence dura près d'une heure. Les trois Français, sentant toute l'importance de cette reconnaissance que le Cafre était, entre tous, plus apte à opérer, avaient conservé pendant ce temps une immobilité et un silence absolus. Albert, qui n'avait pas quitté sa place, vit tout à coup les eaux bouillonner et la tête crépue du noir émerger brusquement. Zouga paraissait radieux et son sourire des bons jours dilatait sa large bouche d'une oreille à l'autre.

— Venez, dit-il sans laisser au jeune homme impatient le temps de l'interroger.

— Qu'y a-t-il ?... Qu'as-tu vu ?

— Venez... tous, reprit l'Africain de sa voix gutturale.

Donner quelques vigoureux coups de rame, approcher le wagon de la rive, l'amarrer aux lianes pendant à profusion, fut l'affaire d'un moment. En dépit de la sueur qui ruisselait encore sur leurs membres, Albert, Alexandre et Joseph s'élancèrent au milieu des herbes bordant la berge, sans même paraître se douter des dangers pouvant résulter de cette brusque immersion. Le Bushman les suivit.

Ils prirent pied presque aussitôt et s'avancèrent en file indienne, précédés par Zouga qui se glissa à travers un épais entrelacement de graminées géantes, succédant bientôt aux plantes aquatiques. Les tiges, froissées ou brisées d'une certaine façon, attestaient le passage récent d'un être humain. La petite troupe marcha de la sorte pendant près d'une demi-heure et parcourut à peine un kilomètre, non pas tant à cause des difficultés présentées par le terrain que des précautions recommandées sans cesse par le guide. Elle déboucha enfin dans une petite clairière au milieu de laquelle apparaissaient les restes d'un foyer éteint, quelques tisons noircis, des cendres et les débris d'un repas, ainsi que deux bottes d'herbes légèrement aplaties et serrées avec un brin de roseau, ayant sans doute servi de siège à ceux qui avaient fait une halte en ce lieu.

Albert examina attentivement les cendres et, incapable de prononcer une parole, montra du doigt à son ami quelques traces parfaitement distinctes. A côté d'une empreinte qui eût couvert celle d'un éléphant, on voyait la marque d'un petit pied finement cambré, au talon légèrement évidé, qui ne pouvait appartenir qu'à une femme élégamment chaussée.

De l'autre côté du foyer, et dans une direction à peu près parallèle à celle du fleuve, on pouvait apercevoir la continuation du sentier suivi par les voyageurs pour arriver en ce lieu.

— C'est là ?... demanda au guide Albert d'une voix brisée par l'émotion.

— Oui, répondit le noir.

— Eh bien, en avant ! s'écria le jeune homme, qui sembla soudain récupérer toute son énergie.

Puis, sans s'occuper si ses amis le suivaient, sans même paraître se douter qu'il était sans armes, il bondit à travers bois. Ceux-ci, un moment interdits, s'élancèrent à sa suite, en proie à une mortelle angoisse et appréhendant une catastrophe.

Cette course échevelée dura longtemps, sans que les deux Européens, en dépit de leur prodigieuse agilité, eussent réussi à rejoindre leur compagnon. Celui-ci maintenait toujours son avance et trouait, dans ses élans furieux, l'épais hallier dans lequel serpentait l'imperceptible trace.

Ce bruit cessa enfin et les quatre hommes, saisis d'une émotion poignante, entendirent à quelques pas un cri éclatant dont il était impossible de deviner la signification.

CHAPITRE XII

Dans l'oubliette. — Plan d'évasion. — Un mineur improvisé. — Conséquence de l'absorption d'une soupe à l'alcool. — Comment les Boers fabriquent la chandelle. — Explosion terrible — Incendie. — « Au secours !... » — Sam Smith se plaint des détériorations de son immeuble. — En présence d'un dégagement de grisou. — Comment les mineurs constatent la présence de ce gaz. — Les *pénitents* et les *firemen*. — Nouvelle explosion. — Séquestrés !...

Le Révérend, enfermé dans la sombre caverne perdue en quelque sorte au milieu du gisement de houille, commença bientôt à être en proie à une vive inquiétude. Les heures s'écoulaient sans qu'aucun de ces incidents, parfois invraisemblables, en l'arrivée desquels espèrent les reclus, fût venu modifier sa situation.

Un hasard prodigieux avait sauvegardé son existence et un autre hasard, non moins extraordinaire, l'avait mis en présence d'une jolie fortune. Ayant trouvé à point nommé un asile des plus sûrs et un confort dont le plus ambitieux n'eût osé concevoir la possession, surtout en pareil lieu, le misérable paya un large tribut à la joie du premier moment et savoura avec exubérance le bonheur de se sentir vivre.

Puis, analysant froidement la position, il se prit à en envisager non seulement les inconvénients présents, mais encore les dangers futurs. Reconnaissant tout d'abord qu'il lui était absolument impossible de sortir de l'obscur réduit en suivant la voie habituellement pratiquée par le mystérieux possesseur de toutes ces richesses, il pensa bien à attendre la venue de cet inconnu ; il le laisserait descendre au fond de l'oubliette, se dissimulerait dans un coin, lui casserait la tête d'un coup de carabine et profiterait, pour s'évader, de l'engin utilisé par sa victime. Mais, s'il tardait à visiter sa cachette ? s'il était blessé ou prisonnier des noirs ? s'il était mort ?

A cette pensée, cet homme, à peine échappé à une catastrophe terrible, qui rêvait déjà d'assurer par un nouveau crime son existence de réprouvé, se sentit frémir. Il songea que, sa détention se prolongeant, les provisions finiraient par s'épuiser. Aux angoisses poignantes de la claustration viendraient se joindre les tortures de la faim et l'agonie des faméliques, la plus atroce de toutes. Il lui faudrait périr misérablement au milieu de ces trésors, avec la possession desquels il n'était pas encore familiarisé.

— Non ! non ! murmura-t-il d'une voix sourde, il faut sortir d'ici, à tout prix ; le plus tôt sera le meilleur.

Il essuya son front sur lequel la pensée de cette terrible éventualité avait produit une rapide poussée de sueur. Puis, il s'assit sur un bloc de charbon et se prit à méditer laborieusement.

— Je ne vois, reprit-il, qu'un seul projet praticable. C'est d'ouvrir une galerie de mine.

» Voyons, il est facile de m'orienter. Je tourne en ce moment le dos à la cataracte. Le Zambèze est donc sur ma gauche. Les terres comprises entre la caverne et le lit du fleuve, qu'elles encaissent de ce côté, ne possèdent qu'une minime épaisseur.

» Trente mètres, peut-être quarante ; et, quand bien même il y en aurait soixante, ce boyau souterrain sera facile à pratiquer, surtout si la veine de charbon se prolonge jusqu'à la coupure longitudinale.

» J'arriverai donc au bord extérieur de la muraille

qui surplombe les eaux. Il est vrai que cette muraille est à pic.

» Mais qui m'empêchera d'y tailler en dehors un escalier grossier, grâce auquel je pourrai me hisser jusque sur le mamelon au milieu duquel s'ouvre le couloir vertical conduisant à l'oubliette ?

» Ainsi, voilà qui est entendu. Je m'en vais, sans désemparer, me mettre au travail et creuser ma galerie. Le temps aidant, et avec un peu d'énergie, je reverrai la lumière du jour, et, ma foi, il y aura encore de bons moments pour James Willis.

» Peut-être le gisement de houille est-il recouvert d'un revêtement basaltique. Je serai alors arrêté net comme par un blindage de fer. Le pic le mieux trempé, le bras le plus vigoureux ne sauraient avoir raison d'un semblable obstacle.

» Ah ! diable, j'oubliais la provision de poudre. Ce que le pic ne pourra briser sera réduit en miettes par un bon fourneau de mine.

Avant de commencer sa besogne de mineur, il retourna jusqu'à l'entrée donnant sur la faille et dans laquelle il avait été précipité lorsqu'il accomplit, cramponné aux branches de l'arbre, son invraisemblable culbute. Il se pencha au dehors, résistant de toutes ses forces au vertige qui l'attirait au fond de l'abîme et tenta, sans toutefois y parvenir, à se rendre compte de l'épaisseur de la paroi. Telle était l'opacité du nuage d'écume, que son regard fut arrêté comme par une plaque de verre dépoli.

Ce voyage ne fut pas inutile, pourtant, en ce sens qu'il lui permit de rectifier sa position par rapport à la direction du fleuve. Son orientation terminée, il allait regagner les profondeurs de la grotte, quand une singularité géologique excita vivement son attention.

L'ouverture de la caverne, pratiquée en pleine couche de houille, et par conséquent complètement noire, était, par son côté droit, tangente à une substance blanche d'une nature totalement différente. C'était une sorte de calcaire épais, à texture grossière composant des bancs de moyenne épaisseur, qui allaient en se superposant jusqu'au haut du monticule formant le revers de la faille.

Par un caprice bizarre de la nature, ce calcaire si étrangement juxtaposé à un banc de houille, affectait la forme d'un coin gigantesque renversé, de façon que l'angle du sommet reposait sur le sol de la grotte, pendant que la base montait à perte de vue en s'élargissant progressivement. A droite et à gauche, le charbon montrait ses aspérités grenues et cassantes et encaissait étroitement ce banc de pierre, avec la blancheur duquel il contrastait curieusement.

James Willis se fit à part lui cette réflexion que, si ce calcaire se trouvait placé sur sa gauche, sa présence serait fort gênante et interromprait bien malencontreusement son travail. Puis, il regarda le conduit souterrain et se trouva bientôt au milieu de la rotonde où était installé le magasin.

Il se mit en devoir de choisir des outils et s'empara d'une pelle légère ainsi que d'un pic, dont il raccourcit le manche à l'aide d'un trait de scie, afin de pouvoir évoluer facilement dans une galerie étroite. Ces préparatifs terminés, il se mettait en devoir de commencer enfin sa tâche et d'attaquer la muraille de charbon, quand il s'aperçut, avec un étonnement croissant, que le banc calcaire, suivant une direction parfaitement rectiligne, se prolongeait indéfiniment à travers le gisement de houille et parallèlement au fleuve. Il n'y avait pas d'erreur possible, d'autant plus qu'il composait un des côtés du magasin.

— C'est singulier, murmura le bandit, mais je ne sais quelle idée éveille en moi la présence de ce mur qui se profile ainsi à travers les couches souterraines.

» Il commence à la faille, je n'en puis douter, et va se perdre, je ne sais où, dans la direction du côté d'aval. Si je prolonge par la pensée cette ligne en amont des chutes, j'arrive... — voyons !... je ne me trompe pas... — j'arrive au groupe d'acacias mentionné sur le plan de cet excellent Mr. Smithson.

» Le plan en indique trois. Je n'en ai trouvé que deux, mais ce troisième a pu être abattu.

» Est-ce que, par hasard, la fortune aveugle s'aviserait, deux fois dans la même journée, de me traiter en enfant gâté au point de...

» Mais, c'est à devenir fou ! Ma tête va éclater !... Il m'arrivera malheur... Ce serait trop !

» Allons, du calme.

» Ce plan, je le vois encore dans ses moindres détails. Et cet imbécile de Sam qui, en me l'enlevant, a cru paralyser tous mes moyens d'action !

» La ligne ponctuée, qui part des acacias, traverse l'Ilot du Jardin. Or, le fleuve est à ce point resserré de ce côté-ci des chutes que cette ligne passe évidemment par l'axe de ma grotte.

» Je me rappelle en outre que le tracé de Mr. Smithson était interrompu par une tache noire que j'ai prise pour un pâté d'encre. Cette tache n'indiquait-t-elle pas grossièrement la grotte elle-même, dont le missionnaire a dû avoir connaissance !...

» Mais, alors, s'il en était ainsi, je serais au beau milieu de la place, au moment de devenir riche à millions, capable d'assouvir les désirs les plus fous, de réaliser les fantaisies les plus échevelées, et, ma foi, le diable m'emporte, de devenir honnête homme !

» L'espoir de cette découverte augmente mon courage et me donne la force d'un géant.

» Ah ! pardieu ! je m'en vais éventrer d'une jolie façon cette muraille de charbon, parachever l'œuvre de ma délivrance et me livrer ensuite, en toute sécurité, aux recherches dont je viens certainement de trouver la clef.

Le misérable, enfiévré par la convoitise et le désir de liberté, planta son pic au milieu du banc de houille, avec une vigueur dont lui-même ne se fût pas cru susceptible. Les coups résonnaient sourdement et semblaient trouver un écho intérieur, comme s'ils eussent frappé sur un corps sonore faisant fonction de résonateur.

— Qu'est-ce que cela signifie ? monologua James Willis, en entendant cette répercussion. Il me semble cogner sur une paroi couvrant une cavité à double fond.

» Vais-je trouver une seconde grotte, ou un simple couloir ?

» Je n'en serais pas fâché ; et ma tâche serait avancée d'autant. Car je ne veux pas me dissimuler que, en dépit de mon courage, je fais un piètre charbonnier.

Le mineur improvisé se calomniait, car les débris s'accumulaient au point de former un épais monceau obstruant déjà l'entrée du boyau qui commençait à se dessiner.

Il quitta son pic, saisit sa pelle et se mit à éparpiller en tous sens les fragments sur le sol du magasin. Puis, il reprit son pic et, satisfait du commencement de résultat obtenu en un temps relativement court, s'acharna de plus belle à sa tâche.

Bientôt, sa surexcitation devint telle qu'il ne s'aperçut plus de la fatigue. Les heures s'écoulaient, rapides, et, quoiqu'il sentît une impérieuse nécessité de réfection, ses membres n'éprouvaient nul besoin de repos. Ses mains, pourtant, se couvraient d'ampoules qui, laissant transsuder du sang et de la sérosité, formaient, en se mêlant à la poussière de charbon, une sorte de boue noirâtre autour du manche de l'outil.

C'est alors qu'il pensa à demander à l'alcool un surcroît d'animation. Il déboucha une bouteille de Cape brandy et absorba une large lampée du liquide incendiaire. Puis, avisant un plat de fer-blanc, il y versa le reste de la bouteille. Une caisse à biscuit se trouvait à sa portée. Fendre l'enveloppe d'étain, arracher le couvercle, fut l'affaire d'un moment. Il tira quelques biscuits, les cassa en menus morceaux, les mit tremper dans l'alcool et se confectionna, comme il le disait plaisamment, une bonne « soupe d'ivrogne », telle qu'il se rappelait en avoir vu faire aux pionniers des claims.

Il put, de cette façon, se restaurer sans abandonner son travail. Après un violent effort opéré pour arracher un bloc, après une poussée énergique pour le lancer hors du couloir qui s'allongeait un peu, il courait à son plat, avalait brusquement une gorgée de biscuit imbibé de brandy et revenait à sa tâche, plus enfiévré que jamais.

Le premier et inévitable résultat d'une pareille alimentation ne se fit pas attendre. James Willis sentit ses yeux papilloter et son cerveau s'alourdir. L'ivresse le gagna bientôt.

— Stop ! s'écria-t-il en constatant les premiers symptômes de ce phénomène physiologique dont il avait sans doute fréquemment ressenti les effets au cours de son existence accidentée.

» Il est temps d'enrayer, sinon je vais me trouver tout à l'heure gris comme le perroquet d'une portière.

» Assez de potage à l'eau-de-feu.

» Sacrebleu ! j'ai les mains en lambeaux.

» Tiens, une idée : on dit que l'alool est excellent pour les blessures ; si je lotionnais mes plaies, au lieu de m'enivrer bêtement.

» Tonnerre ! quel bain de plomb fondu !

» Et maintenant, *go ahead !*

L'obscurité avait envahi le boyau et le coin de ciel, que le bandit apercevait au sommet de l'oubliette, quand il venait répandre son charbon sur le plancher de la rotonde, commençait à rougir aux feux du soleil couchant.

La nuit allait venir.

Le Révérend, s'étant mis en quête de lumière, fut assez heureux pour trouver quelques-unes de ces longues chandelles en graisse de buffle dont se servent les Boers et qu'ils confectionnent à l'aide d'un procédé aussi simple qu'ingénieux.

Ils prennent, à cet effet, une mèche de coton, ou d'une substance textile quelconque, et la trempent dans un vase profond rempli de suif fondu. Quand cette mèche est bien imbibée, ils la retirent et la mettent sécher en la suspendant par une extrémité. Lorsqu'elle est suffisamment solidifiée, c'est-à-dire au bout de quelques minutes, ils la trempent de nouveau dans le vase et ajoutent ainsi une nouvelle quantité de graisse, puis répètent alternativement cette double opération de séchage et d'imbibition jusqu'à ce que la chandelle ait acquis la grosseur voulue.

Il réussit, non sans se donner quelques bons coups sur les doigts, à allumer ce primitif engin d'éclairage, et reprit, en titubant légèrement, le manche de son pic. Il pénétra dans sa galerie et se mit à frapper comme un furieux. La notion du temps qui s'écoula depuis ce moment lui échappa complètement. Il cognait toujours à tort et à travers, débarrassait tant bien que mal son chemin souterrain, sans même s'apercevoir s'il continuait à progresser dans la direction qu'il lui avait donnée tout d'abord.

Tout à coup, la pointe de son pic disparut comme si elle avait perforé une cloison, derrière laquelle se trouvait le vide.

Le Révérend entendit un sifflement rapide qu'il crut produit par une masse d'air ou de gaz comprimé dans une cavité close. Il lui sembla que la flamme de sa chandelle, qui brûlait tristement avec une lueur jaune et fuligineuse, s'élargissait outre mesure et prenait une singulière couleur bleuâtre. Il allait attribuer à la réaction de l'ivresse la présence de ce phénomène et assaisonner son apparition de quelque plaisanterie d'ivrogne en belle humeur.

Il n'en eut pas le temps. Un éclair aveuglant surgit de l'antre noir comme du fond d'un cratère, une flamme ardente enveloppa le misérable qui entendit une détonation terrible et se sentit projeté en arrière avec une force irrésistible. Assommé sous la violence du choc, il perdit connaissance.

Le jour luisait depuis longtemps sans doute quand il sortit de son évanouissement. Chose étonnante, la perception des faits qui s'étaient accomplis avant et pendant son ivresse lui apparut avec une singulière netteté. Il repassa en un instant tous les événements qui s'étaient succédé depuis sa chute dans la faille, jusqu'au moment où la mystérieuse explosion s'était produite.

Mais, si son cerveau avait recouvré toute sa lucidité, son corps, en revanche, se trouvait dans un état déplorable. Les premiers mouvements qu'il voulut opérer lui arrachèrent un cri de douleur et, quand il voulut se lever, ses jambes lui refusèrent tout service. Il retomba lourdement sur un monceau de charbon, qui se consumait lentement, en émettant une fumée âcre et suffocante. Il sentit même à l'un de ses membres la cruelle morsure de la flamme qui l'avait sans doute arraché à sa torpeur.

— Mais, je brûle ! s'écria-t-il, tout effaré.

» Le feu !... c'est le feu !

» Il faut fuir... Rester plus longtemps ici, c'est la mort. Je vais périr asphyxié ou brûlé vif.

» Fuir !... mais je ne puis faire un pas. Ai-je donc les jambes brisées ?

» Mais, alors, je suis perdu !... Est-ce donc le châtiment qui commence ?

» A moi !... au secours !... au secours !...

— On y va ! on y va !... fit une voix ironique semblant venir du haut du couloir vertical.

Puis, une longue et mince lanière d'étoffe descendit en oscillant dans cette espèce de cheminée. Un corps opaque obstrua un moment la lumière tombant dans la grotte par cette unique ouverture et un être humain glissa le long du tissu avec une agilité de quadrumane.

— Eh bien ! qu'est-ce que c'est ? Qu'y a-t-il ? Les voleurs chez moi !... le feu à la maison !

» *By God !* j'arrive au bon moment.

Le Révérend reconnut aussitôt cet organe sarcastique et s'écria, avec l'accent d'une indicible épouvante :

— Sam Smith !... C'est fait de moi...

Le bushranger, c'était bien lui, tressaillit, en dépit de son sang-froid, et quelque préparé qu'il fût contre toutes les invraisemblances, ne put s'empêcher de manifester un étonnement allant jusqu'à la stupeur.

— James Willis !... Ici !... Ah çà ! coquin, tu as donc six mille existences chevillées au ventre ?

» Quel pacte diabolique as-tu donc fait avec Belzébuth, notre commun patron, pour que je te retrouve ici en chair et en os, après t'avoir accroché, là-bas, au bon endroit, au milieu de la fourmilière ?

» Que ces insectes, malgré leur voracité, n'aient pas voulu mordre sur ta peau, je le comprends, à la rigueur, mais que tu aies réussi à t'introduire dans ma maison de campagne, introuvable et inaccessible comme elle l'est, voilà qui me surpasse, bien que je sois habitué à ne m'étonner de rien.

— Grâce ! râla le misérable, que reprirent soudain toutes ses terreurs.

— Mon camarade, riposta rudement le bushranger, permets-moi de te dire que tu es d'une couardise révoltante.

» Tu as, de plus, la peur monotone. Je ne puis apparaître devant toi sans que tu ne me dévides un chapelet de litanies pleurardes et effarées qui ajouteraient encore à mon mépris pour ta personne si c'était chose possible.

» Il faut changer de formule, entends-tu, drôle ?

— En bien ! tue-moi donc de suite, hurla le Révérend en grinçant des dents.

— A la bonne heure, j'aime mieux cela.

» Puisque tu es irrévocablement condamné, autant sauter gaillardement le pas.

Reprenant ensuite son inimitable ton de raillerie, il ajouta :

— Sais-tu bien que, si tu n'étais déjà virtuellement rayé du nombre des vivants, je ne te recommanderais pas comme majordome à mes amis.

» *By God !* Dans quel état tu as mis mon immeuble ! C'est un désastre inouï ! J'en ai pour une heure à passer l'inspection et pour plusieurs jours à tout remettre en place.

» Mais, comme tu serais capable, pendant ma visite domiciliaire, d'allonger la patte sur ma carabine et de me briser le crâne avec une balle, je vais t'amarrer par principes, afin d'empêcher de ta part toute velléité de représailles.

Il empoigna brutalement les jambes du bandit, toujours immobile, et allait les attacher solidement, quand ce dernier poussa un effroyable cri de douleur.

Sam Smith, quelque inaccessible qu'il fût à la pitié, s'arrêta en murmurant :

— Pauvre diable ! ses deux jambes sont brisées.

» C'est égal. Il pourrait encore se traîner sur les genoux. Ces vermines-là ont la vie dure, et, à défaut de courage, la haine leur donne des forces.

» Amarrons les bras.

Ce qui fut dit fut fait, et Smith, tout maugréant, prit une chandelle, l'alluma et se mit en devoir de procéder à son inspection.

— Je me demande, gronda-t-il furieux, comment cet imbécile a bien pu mettre le feu ici ?

» Il me va falloir isoler ce tas de charbon qui, activé par un double courant d'air, brûle comme s'il se trouvait dans le fourneau d'une machine.

» Tiens !... une galerie de mine.

» Pas bête, le James Willis. Ne pouvant s'enfuir par là-haut, il avait pensé à s'échapper par la tangente.

» Mais, enfin, quelle voie a-t-il donc prise pour arriver ici ?

» Inspectons préalablement ce boyau ; peut-être y trouverai-je la réponse à ma question.

Il s'avança lestement en enjambant les débris et en projetant naturellement sa lumière dans l'entrée de l'obscur conduit. Il vit, à son tour, la flamme s'élargir tout à coup, changer de couleur en même temps que de forme et devenir bleuâtre à la périphérie.

Il se retira brusquement et lança un regard perçant au Révérend sur les traits crispés duquel errait un mauvais sourire.

— Halte là ! nous sommes familiarisés avec ce phénomène, nous autres qui avons tâté tous les métiers.

» Je reconnais sans hésitation possible les effets du grisou.

» Et comme cela, dit-il de sa voix narquoise, on ne voulait pas avertir son bon ami Sam Smith du danger qu'il courait en allant ainsi s'introduire dans une galerie envahie par le gaz ?

» C'est de l'ingratitude, master James Willis, car

j'aurais pu vous tuer en arrivant ici et vous devez
à ma générosité les quelques instants que j'ai bien
voulu vous octroyer.

» Après cela, fiez-vous donc à la reconnaissance
des hommes !

— Puisque je suis condamné, gronda le Révérend
d'une voix sourde, j'aurais eu la consolation de périr
avec toi.

— De mieux en mieux, mon garçon. Tu deviens
décidément très crâne. Tu t'y prends un peu tard.

» Quel dommage que le temps me manque pour
continuer ton éducation !

» Mais, assez causé.

» A moi de me rappeler le temps où j'étais *fireman*
dans les houillères australiennes et d'exécuter la petite manœuvre qui va me débarrasser de ce gaz de
malheur.

Cette manœuvre, dont parle le bushranger avec tant
de désinvolture, est éminemment périlleuse et expose
celui qui l'opère à des dangers terribles. On sait que
le grisou, ou gaz hydrogène protocarboné, qui se rencontre dans les houillères, s'enflamme au contact de
la lumière et détone avec une violence inouïe quand
il est mêlé dans de certaines proportions à l'air atmosphérique.

Autrefois, et jusqu'à l'invention des lampes de
sûreté, on avait coutume de laisser le gaz se répandre dans les galeries et s'y combiner avec l'air. On
mettait ensuite le feu au mélange en l'absence des
ouvriers, que cette explosion provoquée volontairement mettait pour quelque temps à l'abri du péril.
A cet effet, un homme, appelé en France *pénitent* et
fireman en Angleterre, couvert de vêtements mouil-
lés, muni d'un masque avec des yeux de verre et
armé d'une longue perche terminée par une torche,
pénétrait dans la galerie et s'avançait à plat ventre
jusqu'à ce que la détonation s'effectuât.

On conçoit aisément quelle somme de dangers devait s'amasser sur la personne du pénitent lorsqu'il
accomplissait cette redoutable opération.

C'est à cette fonction, confiée aux convicts australiens, lors des premiers temps de la colonisation, que Sam Smith venait de faire allusion.

Le bushranger, ne possédant pas la perche dans le retiro, qu'il nommait plaisamment sa maison de campagne, prit le plat dans lequel le Révérend avait jadis opéré son mélange d'alcool et de biscuit et qu'il avait consciencieusement vidé. Il le remplit de charbons incandescents, le lança à toute volée dans la galerie et se jeta aussitôt à plat ventre.

L'explosion fut formidable et les assises du monticule oscillèrent comme si la brutale expansion du gaz allait les désagréger. Une longue coulée de flamme envahit en un clin d'œil le boyau, traversa comme un météore la rotonde, et, sollicitée par l'énergique courant d'air établi entre les deux ouvertures, s'engouffra en ronflant dans le conduit vertical donnant accès à la grotte.

Ce fut l'affaire de quelques secondes, puis tout rentra dans le silence.

— Voici la chose terminée, mon digne Révérend, fit Smith en se relevant. Il n'y a plus maintenant l'ombre de danger et votre ami Sam va s'en aller visiter vos travaux.

Le bushranger, à ces mots, releva machinalement la tête et poussa une rauque exclamation de désespoir, en voyant se tordre, sous la flamme qui le dévorait, le tissu lui servant d'échelle pour descendre dans la demeure souterraine et auquel le coup de grisou venait de mettre le feu.

Tout moyen de communication avec le dehors était désormais interdit aux deux bandits.

CHAPITRE XIII

Le bushranger continue son étude topographique. — Encore la ligne de pierres blanches incrustées dans le gisement de houille. — A la recherche d'une boussole. — Comment Sam Smith se rendait à sa maison de campagne. — Folie passagère. — Les transes du Révérend. — Comme larrons en foire. — Le trésor des rois cafres. — Sépulture violée. — Nouvelles conséquences d'un coup de grisou. — Dans le caveau mortuaire. — La demeure des morts sert d'asile aux vivants. — L'incendie.

Pendant que Pieter s'acquittait de la mission confiée par Sam Smith et s'emparait, on sait à quel prix et grâce à quels épouvantables procédés, de l'attelage qu'il convoitait, le bushranger, resté avec Cornélis sur la plate-forme située au haut de la colline, attendait les événements. Le tête-à-tête avec le rustre menaçant de se prolonger longtemps, Smith, fatigué bientôt des lieux communs de son vis-à-vis, dont la conversation n'était rien moins que substantielle, s'absorba en lui-même et se prit à méditer.

Ses réflexions se portèrent tout naturellement sur la singulière succession d'événements accomplis récemment et embrassèrent de préférence tous ceux qui avaient trait à ce mystérieux trésor des anciens rois cafres, objet de si ardentes convoitises.

Plein d'une orgueilleuse confiance en ses propres moyens, nanti, en outre, grâce à un hasard inespéré, d'un document précieux, dont la possession lui concédait d'énormes avantages sur ses compétiteurs, le bandit voyait l'avenir couleur de rose et se complaisait volontiers à escompter par la pensée les joies que lui procurerait le contenu de l'opulente cachette.

Le plan de la région étalé sur les genoux, il étudiait avec une attention réfléchie le tracé de l'infortuné missionnaire et suivait, à vol d'oiseau, du haut de son observatoire, les rapports existant entre la configuration des lieux et les signes conventionnels imprimés sur le tissu.

Un point essentiel demeurait désormais acquis à son actif. Tous ceux qui, jusqu'alors, avaient opéré les mêmes recherches, s'étaient radicalement trompés sur l'orientation. Seul, le bushranger avait su reconnaître cette erreur, peut-être volontaire, et la rectifier, au point d'arriver à se diriger avec une quasi-certitude. En outre, il allait pouvoir avant peu agir avec d'autant plus de facilité que le pays lui était parfaitement connu et qu'il dominait tous les alentours, du lieu où il était placé.

Une seule chose le tracassait : c'était la vue, sur le plan, d'une ligne blanche enserrée entre deux bandes noires, dont la configuration du sol ne lui révélait en aucune façon la présence.

— Que diable signifie cette ligne ? se demandait-il, tout intrigué. Indique-t-elle une zone sur laquelle des sondages doivent être exécutés ? Sert-elle de repère à une dépression de terrain ou à une voie souterraine ?

» Une voie souterraine !... Diable ! je n'en connais qu'une concordant à peu près comme direction.

» Ma maison de campagne possède un couloir aboutissant à un balcon donnant sur la cataracte.

» Ah ! pardieu ! ce serait plus étrange que nature si le hasard, qui m'a fait découvrir jadis la cachette introuvable où j'enferme mes économies, m'avait amené à côtoyer de si près ce merveilleux trésor.

» Il faudrait voir à s'assurer de la chose. Je n'ai pas à discuter l'exécution du plan. Elle est grossière dans la forme, mais j'ai tout lieu de la regarder comme parfaite dans l'application.

» A moins, toutefois, que je ne commette, à l'endroit de l'orientation, une erreur capitale, ce dont je doute.

» Si j'avais une boussole... j'en ai plusieurs en magasin. Mais il faudrait, pour m'en procurer une, descendre jusqu'à la maison, et je crains les indiscrétions de ce butor de Boer.

» Bah ! essayons pourtant. Je vais le mettre en faction, lui recommander une vigilance extrême, et, comme il a une peur horrible de moi, il n'osera pas bouger.

» Mon absence sera, d'ailleurs, très courte.

» Eh ! Cornélis !

— Qu'y a-t-il pour votre service, gentleman ?

— Peu de chose, mon garçon, sinon que les provisions baissent et que j'ai, pour le moment, une faim de loup et une soif d'éponge.

— Vous dites pour le moment, gentleman. Moi, j'ai toujours faim et soif.

— Raison de plus pour nous ravitailler.

— A vos ordres. Je suis tout prêt à me mettre en quête d'une épaule d'antilope et à rapporter une ou deux pintes d'eau dans un entre-nœud de bambou.

— J'ai mieux que cela à vous offrir, mon garçon. Que diriez-vous d'une boîte de corned beef, d'une tranche de jambon et de quelques bouteilles de Cape brandy ?

— Je dis, gentleman, que, à moins d'être sorcier ou d'aller fouiller la cave du publicain du kopje Victoria, un pareil régal nous est interdit.

— Admettez donc que je sois un peu sorcier, car j'ai de bonnes raisons pour éviter le digging. Et, pourtant, avant deux heures, vos souhaits seront accomplis et vos besoins satisfaits.

— Rien ne m'étonne de votre part, et je vous sais homme à réaliser l'impossible.

— Peut-être ! Je pars. En attendant mon retour, faites bonne garde. Ne quittez votre poste sous aucun prétexte. Il y va non seulement de notre sécurité, mais encore de notre fortune.

— Comptez sur moi, gentleman, je serai immobile comme une pierre, mais, en revanche, j'ouvrirai les oreilles de façon à entendre les moindres bruits suspects. Quant à voir tout ce qui se passe aux alentours, si je n'ai qu'un œil, il est infaillible.

— Bien. Au revoir, mon garçon.

Smith passa en bandoulière sa carabine, assujettit son casque sur sa tête, contourna le mamelon, se glissa comme précédemment Pieter, en écartant les tiges d'euphorbes et de cactus, et disparut bientôt. Mais, au lieu de descendre, comme jadis le Boer, et de se diriger vers la plaine, il se mit à opérer une série de marches et de contremarches, tantôt rampant à travers les maigres végétaux hérissés de piquants, tantôt se dissimulant derrière les anfractuosités de roches, quand la sinistre broussaille venait à manquer.

Ces randonnées, ayant sans doute pour but d'égarer Cornélis, dont la fidélité récente ne lui inspirait peut-être qu'une confiance relative, conduisirent le bushranger au bord d'un escarpement situé à mi-côte et faisant face au fleuve. Il s'arrêta enfin, essuya la sueur ruisselant sur son visage et inventoria les alentours d'un regard perçant.

Rien de suspect ne venait troubler sa solitude. Une douzaine de vautours fauves, planant à perte de vue au-dessus de ce paysage désolé, étaient les seuls êtres animés capables de l'apercevoir. Il était bien seul. Mais, aussi, que de fatigues, que de détours, que de précautions pour atteindre ce lieu !

Sans être éloigné de plus de cinq cents mètres de l'endroit où était resté son associé, il avait parcouru en zigzag plus de deux kilomètres, et à travers quelles difficultés !

Une ouverture circulaire, mesurant environ un mètre de diamètre, se trouvait au fond d'un petit ravin greffé en quelque sorte sur l'escarpement principal formant au fleuve sa muraille du côté du midi. Cette ouverture semblait se perdre dans les entrailles de la terre. Particularité bizarre, la substance noire qui en composait le pourtour tranchait crûment avec une zone blanche, légèrement déprimée, partant de l'ouest à l'est.

Sam, tout songeur, contempla un instant cette singularité géologique et murmura :

— Encore et toujours cette ligne qui m'a si fort intrigué depuis le jour où, pour la première fois, mon pied a foulé le sol de la grotte de charbon.

» Il n'y a pas à douter... Ce calcaire, incrusté comme un coin immense dans le banc de houille, doit être la ligne blanche du plan.

» C'est étrange ; au moment de procéder à la vérification du fait, j'ai comme une hésitation.

» Qu'est-ce que je risque, en somme ? Ne suis-je pas riche, déjà ?...

» Si j'éprouve une déconvenue, n'aurai-je pas de quoi me consoler avec le produit de mes économies ?

» Eh bien ! non. Je la crains, cette déconvenue. J'ai peur que l'aiguille de cette boussole, que je vais chercher, ne prenne une direction toute autre...

» Cette aiguille, je la redoute plus que la pointe d'une sagaie empoisonnée.

» C'est que je joue mon va-tout. Si sa direction confirme mes pronostics, à moi l'opulence !...

» Non, pas cette opulence banale des marchands de la cité enrichis dans le commerce des cuirs, des suifs ou des cotons, mais la folle profusion d'un nabab, seule compatible avec mon envergure.

» Sinon, c'est la parcimonieuse existence d'un petit rentier qui sera le couronnement de ma vie d'aventures et la piteuse réalisation de projets pour l'accomplissement desquels j'ai tout fait, y compris l'impossible.

» Allons ! trêve de pusillanimité. Il faut en finir.

Le bushranger, à ces mots, découvrit avec son pied une petite tranchée pratiquée non loin de l'ouverture et emplie de fragments de charbon. Un morceau de bois dur, long de deux mètres, gros comme le bras, était dissimulé sous cet amas de débris. Il le retira de la fosse, s'assura de sa solidité, et, satisfait de son examen, le posa au-dessus du puits qu'il partagea en deux parties égales.

Il déroula ensuite une longue et fine ceinture entourant ses reins, l'assujettit au milieu du bâton transversal, au moyen d'un de ces nœuds dans la confection desquels il était passé maître, et la laissa pendre dans le vide.

Enfin, pour plus de précautions, il creusa, à l'aide de son couteau, dans le prolongement du diamètre formé par le bâton, deux rigoles, dans lesquelles les deux bouts vinrent s'encastrer solidement, de façon à éviter tout déplacement latéral.

— Ouf ! c'est fini. Je n'ai jamais fait autant de manières pour accomplir ma descente.

» Il est vrai que, jadis, j'avais moins à risquer qu'aujourd'hui.

« *By God !* Un homme qui est capable, d'ici quelques jours, peut-être quelques heures, de valoir je ne sais combien de millions, a bien le droit de prendre soin de son corps.

» Master Smith ! *For ever !*

Il dit, empoigna d'une main le tissu flottant dans le couloir vertical, se cramponna de l'autre au morceau de bois, puis se laissa glisser posément jusqu'au fond du repaire.

On sait le reste. Sa stupeur à la vue du Révérend, qu'il croyait disséqué par les fourmis, sa colère en contemplant le désordre résultant de la première explosion, son désespoir en s'apercevant que la flamme produite par le second coup de grisou lui enlevait, en brûlant sa ceinture, tout moyen de communication avec le dehors.

Mr. Smith était bel et bien prisonnier dans l'oubliette en compagnie de James Willis.

Après quelques instants d'un effarement légitime, le bushranger, en homme qui a éprouvé toutes les vicissitudes imaginables et que l'espérance n'abandonne jamais, se rasséréna peu à peu.

— Eh bien ! après ?... dit-il au Révérend, qui riait toujours sataniquement. Nous sommes pris. Ce n'est pas la première fois, n'est-ce pas ?

» Tu as beau grimacer ton plus mauvais rire et te dire que je partagerai ton sort.

» Erreur ! mon bonhomme. C'est une nouvelle évasion à tenter. J'en ai réussi bien d'autres, et je n'avais pas les moyens dont je dispose en ce moment.

Puis, il ajouta, en aparté :

— Une seule chose m'ennuie : c'est cet incendie qui, au lieu de s'éteindre, comme je l'espérais, se propage aux couches supérieures de la rotonde.

» Il n'y a pas grand danger pour moi, mais il est désagréable de travailler avec un feu de forge au-dessus de la tête. J'ai, en outre, ici, une notable provision de poudre qu'il est urgent de mettre en lieu sûr.

» Commençons par inventorier cette galerie d'où est sorti ce malencontreux coup de grisou.

Smith prit une autre chandelle, l'alluma et pénétra dans le boyau duquel James Willis avait été si rudement projeté par l'explosion.

Après une absence qui dura cinq minutes à peine, il reparut en donnant les signes d'une indescriptible émotion. Pâle comme un cadavre, les yeux hors de la tête, la bouche agitée de contractions spasmodiques, les bras secoués de tremblements nerveux, il pouvait à peine s'avancer, car ses jambes lui refusaient le service.

Il eut le temps de ficher sa lumière dans une fissure, puis il prit sa tête à deux mains, s'arracha les cheveux, se mit à rire, à hurler, à chanter, à sangloter comme s'il eût été en proie à un accès de démence.

La parole lui revint enfin et il vociféra des lambeaux de phrases dont l'incohérence était incompréhensible pour le Révérend.

— C'était vrai !... j'avais raison !... Eux aussi. Et toi !... Qu'es-tu venu faire ici, coquin ? Je te couperai en morceaux. Tu es la cause de tout... de mon ivresse... de mon désespoir !... Tiens ! il faut que je te tue !

» Te tuer !... non, c'est trop peu. Je veux te dépecer

tout vif, faire cuire des lambeaux de ta chair et les manger devant toi !

» Mais non ! tu es mon vieux compagnon... Toi ! James Willis !... mon complice !... je t'aime comme un frère. Je veux t'embrasser !... te guérir... Oublions tout... oui, tout... je te pardonne.

» *Hip !... hip !... hip !... Hurrah !...*

» *God save the Queen !...*

» Chantons !... Mais chante donc aussi...

» *Rule Britannia !...*

» Chante une chanson de bagne, dis une prière, profère des blasphèmes. Mais dis quelque chose... parle !... que j'entende une voix humaine... une autre voix que la mienne... Elle me fait mal.

» Viens !... mais viens donc... là... au fond du boyau de mine.

» Tu ne peux plus marcher... je te porterai... n'aie donc pas peur !

» Il faut que tu voies... James...

Et, saisissant le blessé d'une seule main, il l'enleva comme un enfant, l'assit sur son avant-bras, prit la lumière de l'autre main, pénétra dans la galerie, la suivit en courant et s'arrêta brusquement au bout d'une quinzaine de mètres.

— Mais regarde donc, et dis-moi si, devant un pareil spectacle, toutes les rancunes ne doivent pas s'apaiser, les colères se calmer, les haines s'éteindre.

— Que vois-tu donc ? Qu'y a-t-il ? demande James Willis, d'une voix étouffée.

— Notre fortune... une fortune inouïe... immense jusqu'à l'absurdité.

— Hein ?

— Nous sommes en présence du trésor des rois cafres !...

» Voilà pourquoi j'ai tout à l'heure perdu la tête, au point de te pardonner toutes les turpitudes passées...

» Oh ! sois tranquille, je n'ai qu'une parole et ne songe nullement à me dédire.

» Vienne le moment où nous quitterons cette caverne, — et ce moment ne saurait être éloigné, — tu participeras à mon opulence.

» Car, en somme, si tu es la cause indirecte et involontaire de la découverte, cette découverte n'en est pas moins opérée.

— Mais, je n'aperçois rien, reprit le Révérend, subitement rasséréné par les paroles amies accompagnant cet étrange revirement.

» Je ne vois que des squelettes, quelques momies plus ou moins desséchées, des armes indigènes.

— Et ces poteries grossières, symétriquement rangées devant ces débris humains, que crois-tu donc qu'elles renferment ?

Une brusque évolution du bushranger arracha un cri de douleur à James Willis, dont les deux jambes pendaient, mutilées. Sam déposa le blessé sur le sol, éleva la lumière au-dessus de sa tête et reprit :

— Tout cela est plein de diamants, mon camarade. Tu entends, n'est-ce pas ? de diamants, en présence desquels ceux qui étaient enfouis dans le sol de mon magasin, et que tu m'as empruntés avant mon arrivée, feraient piètre figure.

» Tiens, regarde plutôt !

Le bandit, à ces mots, cambra en arrière sa haute taille et lança à toute volée un formidable coup de pied à travers une potiche ventrue placée entre les jambes croisées d'un squelette accroupi sur le sol.

Le vase, fracassé par la dure semelle de la botte, vola en éclats, pendant que le squelette, désagrégé par le même choc, s'éparpillait au milieu d'une véritable grêle de diamants de toutes grosseurs...

On devine sans peine ce qui avait amené cette singulière découverte et la part que le hasard y avait prise.

James Willis, creusant la galerie latérale devant le conduire au bord du fleuve, rencontra une cavité close renfermant une quantité considérable de grisou. Son coup de pic eut le même résultat que s'il eût été porté dans la paroi d'un réservoir à gaz. Ayant commis l'imprudence d'approcher une lumière, il produisit l'explosion qui, en le mutilant, effondra une partie de la muraille formant la cavité.

Survint alors Sam Smith, au moment où une nouvelle et plus considérable quantité de grisou, mise en liberté par la désagrégation de la muraille, s'échappait de tous côtés avec des sifflements caractéristiques. Son instinct d'ancien mineur lui révéla aussitôt les périls de la situation et lui suggéra l'unique moyen d'y remédier sans plus tarder.

Il renouvela avec un plein succès la périlleuse manœuvre des *firemen* et provoqua la seconde explosion qui devait enflammer et enflamma réellement tout le gaz en liberté. Il y eut, au moment de la déflagration de l'hydrogène protocarboné, une poussée en arrière analogue au recul d'un canon. Cette réaction s'opéra sur une cloison relativement peu épaisse, séparant le réservoir à grisou d'une nouvelle caverne placée en arrière et par conséquent plus rapprochée du fleuve. Cette cloison s'effondra et découvrit l'étrange réduit où se trouvent présentement les deux bandits.

La veine de charbon s'arrête brusquement à quelques centimètres de l'ouverture encombrée de débris. La caverne, assez spacieuse, pratiquée en pleine roche basaltique, affecte une forme circulaire, évoquant la pensée d'une énorme bulle d'air dont les parois se seraient solidifiées au moment où la roche se trouvait en fusion.

Un grondement sourd, continu, annonce la proximité du fleuve, et quelques bouffées d'air frais, pénétrant par d'invisibles fissures, semblent indiquer que l'atmosphère libre s'étend non loin de là. Cette demeure funéraire doit d'ailleurs posséder une ou plusieurs entrées, puisque Sam Smith et James Willis ont suivi, pour y pénétrer, une voie inédite, non moins que périlleuse.

Il y a là une vingtaine de cadavres, uniformément accroupis sur le sol et formant, par leur réunion, les trois quarts d'une circonférence. Quelques-uns sont complètement réduits à l'état de squelettes. Le plus grand nombre, momifiés, racornis et encore entourés de bandelettes, témoignent sinon d'une inhumation plus récente, tout au moins de la réussite sommaire du primitif procédé d'embaumement qui leur a été appliqué.

Tous ont dû porter sur le dos le carquois en peau de léopard rempli de flèches et le petit arc de bois de fer, à en juger par la position qu'occupent encore ces armes qui tombent de vétusté. Leurs doigts de squelettes étreignent la grande sagaie des chefs et les colliers de verroteries, festonnant sur leurs côtes dénudées, les diadèmes de perles multicolores, encerclant leurs fronts aux orbites vides, annoncent que ces débris humains ont appartenu à de hauts dignitaires.

Enfin, et c'est là le point essentiel qui préoccupe les deux violateurs de cette sépulture, un vase de terre grossière, analogue à ceux dont se servent encore les indigènes de la région, est déposé devant chacun de ces séculaires et lugubres gardiens.

L'explosion qui s'est produite dans un angle de la caverne mortuaire n'a nullement rompu la symétrie du funèbre alignement. Un seul vase, brisé par le choc d'un bloc de charbon, a laissé échapper son contenu, et Smith, pénétrant pour la première fois dans cet asile jusqu'alors inviolé, a vu tout d'abord quelle en était la nature, quand son œil fasciné a contemplé le scintillement qui n'appartient qu'au diamant.

Il n'y avait plus de doute possible ; les indications fournies à Mr. Smithson par le Cafre Lackmi étaient bien réelles. Le plan tracé par l'infortuné missionnaire était mathématiquement exact, et le bushranger, avec son complice, se trouvaient en présence du fabuleux trésor entassé pendant des siècles par les anciens rois cafres...

Chacun des vases était au moins à demi plein de diamants admirables, dont ces primitifs enfants de la nature avaient activement poursuivi la recherche, depuis les temps reculés appartenant à la légende. Ils avaient patiemment accumulé ces cailloux, auxquels ils attachaient, eux aussi, un prix relativement considérable, en ce sens qu'ils leur servaient à tailler et à percer les meules destinées à broyer leur grain. Le secret de cette cachette, dont leurs descendants étaient loin de soupçonner la valeur aujourd'hui énorme, s'était perpétué de père en fils, et il est à présumer, comme l'indiquent les demi-confidences faites par Seshéké et Magopo, que les chefs actuels se rendaient, de temps en temps, à la mystérieuse caverne, pour y chercher quelques diamants, destinés, comme par le passé, à confectionner leurs meules.

Sam Smith, revenu de l'accès de folie produit par cette découverte foudroyante, et bien convaincu de la réalité palpable du fait, termina promptement son inventaire. L'inquiétude commençait à le gagner, non pas qu'il désespérât de sortir tôt ou tard de cet antre des *Mille et une Nuits*, mais les progrès de l'incendie allumé par le coup de grisou menaçaient de prendre des proportions alarmantes.

— Tu vas rester ici, dit-il au Révérend. Il n'y a nul danger d'asphyxie, puisque l'air arrive du dehors. Je vais opérer rapidement le déménagement des provisions, des armes et des munitions. Nous allons nous installer dans ce caveau où nous serons fort à l'aise.

» Nous verrons ensuite à trouver l'ouverture par laquelle on a introduit ces gentlemen, qui ne sont pas tombés de la lune, n'est-ce pas ? Puis nous aviserons aux moyens de sortir, les poches pleines.

» Un peu de patience. Je ne suis pas un grand chirurgien, mais je vais confectionner de mon mieux, avec des couvercles de boîtes, un appareil pour tes pauvres jambes.

Il sortit rapidement et constata, presque avec terreur, que l'incendie gagnait plus vite encore qu'il ne l'avait cru. Chose singulière, et qu'il attribua à l'énergie du courant d'air établi entre l'ouverture donnant sur la cataracte et le conduit vertical lui servant habituellement d'entrée, les couches supérieures flambaient avec un ronflement sonore, pendant que le sol était resté à peu près intact.

Il enveloppa dans une fourrure épaisse sa caisse à

poudre et commença prudemment le sauvetage de cette substance terrible, au milieu de débris enflammés qui tombaient de la voûte, mêlés à des fragments de pierres chauffées à blanc.

CHAPITRE XIV

Klaas, qui allait employer les grands moyens, réussit par
la persuasion. — De l'autre côté du fleuve. — Le Boer,
pour la première fois, perd son assurance. — Fureur de
brute. — La mort ! plutôt qu'une insulte. — Cri de
guerre. — Les deux ennemis en présence. — Lutte sauvage. — La barbe de Klaas cause sa défaite. — Joseph,
fou de joie, perd de nouveau l'usage des *b* et des *v*. —
N'ayant pas le temps d'infliger au bandit les supplices
rêvés, il propose simplement de le pendre. — Pardon.
— La peine du talion. — Vengeance. — Klaas devait
décidément mal finir.

Les événements que nous venons de raconter ont
été si rapides ; telle a été, en outre, leur simultanéité,
que nous avons dû négliger, depuis longtemps, l'anti-
pathique personnalité de Klaas le Boer.

Le misérable, après avoir fait subir aux mineurs
engagés à sa poursuite le barbare traitement que
l'on sait, n'était pas sans inquiétude sur les suites
possibles, probables même, de cette atroce vengeance.

Connaissant de longue date la solidarité qui, en
général, unit étroitement les travailleurs des claims,
il supposait, avec raison, que leurs camarades va-
dides, instruits tôt ou tard de l'attentat, ne manqueraient pas d'user de représailles à son égard. Aussi,
son premier souci fut-il d'aviser aux moyens de mettre entre eux et lui une barrière pour le moment
infranchissable. Cette barrière était le cours impé-
tueux du Zambèze, grossi par les pluies d'orage, et

dont les eaux, gonflées outre mesure, s'étaient répandues dans la plaine.

Il espéra, tout d'abord, opérer la traversée du fleuve à l'aide de son wagon, transformé si bien à point, et sans qu'il s'en doutât, en un appareil de navigation. Cet espoir fut déçu par le brusque retrait des eaux qui immobilisèrent le dray sur un banc de sable.

Klaas, n'ayant ni le temps ni la faculté de le renflouer, s'avisa d'un autre procédé. Comme l'avaient supposé Albert et Alexandre, il se rendit à la rive voisine et abattit des arbres à texture légère qui devaient flotter facilement. Grâce à sa prodigieuse vigueur musculaire et à son habileté consommée de bûcheron, — habileté commune à la plupart des Boers, — il construisit rapidement un radeau sur lequel il installa un abri de feuillage destiné à prémunir ses prisonnières contre les ardeurs du soleil.

Puis, il revint au wagon où les infortunées jeunes femmes étaient toujours confinées, en proie aux tortures d'une poignante angoisse. Quelque décidé qu'il fût à employer les grands moyens pour triompher de leurs résistances et obtenir qu'elles consentissent à changer de lieu de réclusion, le bandit n'était pas sans inquiétude relativement au résultat final de son entreprise.

Très résolu en face des éventualités de la vie sauvage, son sang-froid et son audace d'aventurier l'abandonnaient soudain, en présence de ces frêles organisations féminines dont il avait pu apprécier, en mainte occasion, l'indomptable énergie.

L'imminence du péril lui remit, comme on dit vulgairement, un peu de cœur au ventre. Il se promit de se mettre en frais d'éloquence, d'être persuasif et de solliciter, par la raison, ce qu'il désespérait d'accomplir par la force.

Il amarra son radeau à l'arrière du wagon, frappa doucement au panneau de l'arrière et, d'un accent dont il s'efforça d'atténuer la rudesse habituelle, sollicita la faveur d'un entretien.

Contre son attente, le verrou qui maintenait intérieurement la lourde porte glissa brusquement, puis une voix harmonieuse, mais ferme et bien timbrée, celle de Mme de Villeroge, prononça ce seul mot :

— Entrez.

Il abattit le panneau sur ses charnières, l'immobilisa sur ses chaînes et, sans profiter de l'autorisation, il resta debout sur son radeau et s'accouda sur cette espèce de pont-levis, tendu horizontalement au niveau de sa poitrine.

Anna et Esther apparurent en même temps aux yeux du rustre, qui ne put se défendre d'un frémissement, à l'aspect de ce tableau gracieux.

— Que voulez-vous encore ? demanda Mme de Villeroge.

» N'est-ce pas assez de nous retenir ici, au mépris de ce droit sacré que possède toute créature humaine d'être libre, et faut-il que vous veniez encore aggraver, par votre présence odieuse, les horreurs de notre position ?

» Répondez ... Que voulez-vous ?

— De grâce, madame, écoutez-moi. Vous aussi, mademoiselle.

» Il faut fuir !... Fuir au plus vite.

» Un danger terrible nous menace.

— Eh bien, tant mieux !

— Bien, Anna, bien, ma sœur, interrompit Esther avec non moins d'énergie. Que nous importe un nouveau péril, après d'aussi cruelles vicissitudes ?

» Que nous importe la mort elle-même ? Ne sommes-nous pas résolues à tout ?

— Mais vous ne savez donc pas qu'ils vont venir, ivres de sang et de colère... ivres aussi d'alcool ?

— Qui ?...

— Les mineurs furieux, aux mains desquels nous avons échappé par miracle.

— Vous dites que « nous » leur avons échappé... Je le regrette doublement.

» Ces hommes sont des travailleurs à la générosité desquels nous ne nous fussions pas vainement adressées. Il vous eussent fait payer cher l'acte odieux qui nous a rendues vos prisonnières...

— Ignorez-vous que la plupart d'entre eux sont des scélérats sans foi ni loi, un ramassis de gredins sans aveu, aujourd'hui mineurs, demain voleurs, bandits toujours, ne connaissant ni le tien ni le mien et ne reculant devant aucun crime pour satisfaire leurs passions ?

— Comme vous, alors, riposta intrépidement la jeune femme.

Le Boer pâlit et une rapide crispation agita ses poings monstrueux.

— Soit, murmura-t-il en réagissant contre la fureur qu'il sentait monter lentement.

» Je vous en prie, madame, ne discutons pas ce que j'ai été et ce que je ne suis plus.

» Je vous ai respectées, vous... Eux, ne vous respecteraient pas.

» Je serais impuissant à vous protéger... Vous deviendriez leur proie, quand j'aurais succombé en vous défendant.

» Vous entendez, madame ! la proie de ces furieux que rien ne touche, que rien n'émeut...

» Et maintenant, soyez vous-mêmes juges de votre propre situation. Voyez quelle résolution doit vous inspirer le souci de vos existences et de votre honneur.

— Dites-vous vrai ? demanda Mme de Villeroge, ébranlée par cet accent de sincérité brutale.

— Sur la tête de ma mère et sur ma part de bonheur éternel, oui ! reprit le Boer en se signant dévotement.

— Qu'en pensez-vous, Esther ? demanda-t-elle à sa compagne.

— De deux maux, choisissons le moindre.

— Vous avez raison. D'autant plus que l'essentiel pour nous est de gagner du temps ; et Albert ne saurait être loin.

» C'est bien, ajouta-t-elle, en s'adressant au rustre, attendant toujours une réponse. Nous vous suivrons.

» Laissez-nous quelques minutes pour faire nos préparatifs.

Klaas s'inclina sans répondre et se dirigea vers

l'avant du chariot, enfonça à coups de pic la coque
métallique formant le fond, mutila tout ce qu'il crut
ne pouvoir emporter et revint procéder à l'embarquement des prisonnières, quand son œuvre de dévasta-
tion fut accomplie.

Mᵐᵉ de Villeroge avait mis à profit ce moment, pour
tracer, à l'aide d'un clou, sur le couvercle d'une boîte
à conserves, quelques mots relatifs à sa position,
espérant toujours que, en multipliant les indices de
son passage, son mari arriverait à retrouver sa
trace.

La traversée du fleuve s'opéra sans encombre et
avec une prudente lenteur. Parvenu sur la rive opposée, Klaas démembra le radeau et en abandonna les
éléments au courant, pensant, de son côté, annuler
tout vestige relatif à sa nouvelle direction.

Il chargea ensuite sur ses robustes épaules autant
de provisions qu'il put en porter, deux couvertures,
une hache, un coutelas et son fidèle roer, sur lequel
il comptait pour varier l'ordinaire.

C'est alors que les trois Français, accompagnés
des deux noirs, retrouvèrent le wagon abandonné,
le remirent en état et reprirent leur poursuite un
moment interrompue.

Klaas, après s'être enfoncé d'environ un kilomètre
dans l'intérieur des terres, avait obliqué à droite,
c'est-à-dire était descendu parallèlement au cours du
Zambèze. Il savait que, non loin des cataractes, il
trouverait dans la muraille basaltique une grotte
naturelle pouvant servir d'abri aux jeunes femmes,
pendant qu'il se mettrait à la recherche de ses frères,
avec lesquels il espérait faire bientôt la paix.

On fit halte pour déjeuner ; un brasier fut allumé,
puis on se mit en route. En dépit de son assurance,
le Boer se sentait agité de pressentiments sinistres
que rien ne semblait justifier. Une angoisse poignante et indéfinissable tout à la fois étreignit son
cœur jusqu'alors inaccessible au repentir, et, pour
la première fois peut-être, ce criminel, endurci jusqu'à l'insouciance, parut se souvenir qu'il avait froidement égorgé deux vieillards et qu'il avait, depuis

ce moment, vécu sans l'ombre d'un souci, près de celles dont la présence eût dû être pour lui un perpétuel remords.

Furieux de ce qu'il qualifiait en lui-même de pusillanimité, il secoua rudement sa crinière fauve, avec ce geste brutal d'un bison qui traverse un fourré, et se mit à accélérer sa marche.

Anna et Esther, brisées de fatigue, s'arrêtèrent et déclarèrent résolument qu'elles n'iraient pas plus loin. Le bandit, devant ce parti pris aussi nettement formulé, perdit toute mesure.

La colère envahit son cerveau. Il poussa un horrible blasphème et s'écria :

— Ah ! vous ne voulez plus marcher ! Eh bien, nous allons voir.

» J'ai, Dieu merci ! les épaules assez solides pour vous porter toutes deux et les jambes assez longues pour enlever lestement l'étape.

» Une fois !... Deux fois !... Voulez-vous avancer ?

Les infortunées jeunes femmes, glacées d'épouvante devant cette explosion de fureur bestiale, n'eurent pas la force de répondre.

Le misérable, croyant qu'elles résistaient quand même, s'élança vers elles, le poing levé. Une ignoble scène de violence allait inévitablement se produire.

Esther, craignant pour la vie de sa compagne, n'hésita pas un instant. D'un mouvement irréfléchi, sublime d'abnégation et d'instantanéité, elle se jeta devant Anna, les bras étendus, et lui fit un rempart de son corps. Puis, fixant sur le bandit ses grands yeux noirs que l'indignation faisait étinceler comme deux globes d'acier bruni, elle s'écria d'une voix éclatante :

— Tu n'oseras pas, bandit ! On ne frappe pas des femmes comme nous ! on les tue !...

— Eh bien ! soit, hurla le sauvage, hors de lui, en arrachant son coutelas de sa gaine.

» Pas elle, mais toi, fille de chien !

» Oui, je vais te tuer ! comme j'ai tué ton père... là-bas... au Champ de Diamants !

La malheureuse jeune fille, en entendant ces parôles infâmes, sentit en ce moment ses forces l'abandonner. Une pâleur de cire envahit ses traits et, comme si les ressorts de la vie se fussent tout à coup brisés, elle roula, foudroyée, sur le sol.

— Au secours !... au secours !... à moi !... Albert... s'écria Anna, folle de terreur.

Un rugissement farouche, qui n'avait rien d'humain, répondit à cet appel désespéré On eût dit ce formidable cri de guerre qui déchire la gorge des terribles guerriers du Far-West, quand, ivres de fureur et de carnage, ils s'excitent à la fête du sang.

Les branches fracassées s'effondrèrent sous une poussée irrésistible et un homme s'élança d'un bond de tigre au milieu de la clairière où s'accomplissait ce drame.

Deux cris jaillirent en même temps :

— Anna !...

— Albert !...

» Ah ! je suis sauvée !

L'élan du jeune homme, dont la rage centuplait les forces, le porta jusque sur le Boer, qu'il heurta rudement au poitrail. Celui-ci, qui se tenait cambré en arrière, le bras levé, prêt à frapper, perdit l'équilibre et laissa échapper son couteau. Albert, sans armes, lui serra furieusement le col et lui noua, pour ainsi dire, ses deux mains autour de la gorge.

Klaas râla sous l'effort de cette double tenaille qui broyait les cartilages. D'un geste machinal, il laissa tomber ses mains et empoigna aux flancs son adversaire, qu'il serra de toutes ses forces. A demi asphyxiés, mais voulant quand même en finir, les deux hommes, qui s'étaient reconnus, puisant dans leur mutuelle haine une nouvelle vigueur, resserraient de plus en plus leur mortelle étreinte.

Le Boer avait incontestablement l'avantage de la force brutale jointe à la masse d'un taureau. Albert, de son côté, était favorisé sous le rapport de la position. Ce n'est pas d'ailleurs qu'il fût un adversaire à dédaigner, avec ses membres élégants comme ceux d'une statue antique, mais tressés de muscles saillants et rigides comme des cordes d'acier.

Bientôt à bout d'haleine, ils s'abattirent sur les herbes au moment où Alexandre, Joseph et les deux noirs accouraient, éperdus. Ce n'était là qu'un prélude et la lutte reprit aussitôt plus sauvage, plus acharnée que jamais. Enlacés comme des serpents, tantôt collés face contre face, cherchant une place pour se mordre, tantôt dessus, tantôt dessous, les membres confondus, roulant, de-ci de-là, sans se lâcher, les vêtements en lambeaux, la peau saignante, les chairs contuses, les flancs battants, ils s'étreignaient avec l'énergie farouche de bêtes fauves, sans que les amis du Catalan pussent tenter de lui porter secours.

Klaas, apercevant les nouveaux venus au milieu du nuage sanglant qui s'étendait sur ses yeux, sentit qu'il était perdu et résolut de jouer son va-tout. Son unique but fut d'immobiliser un instant son antagoniste et de frapper un seul coup. Peu lui importait le reste. Si Albert était touché, il était mort.

Ce fatal projet allait recevoir son exécution. Le jeune homme, ayant commis l'imprudence, hélas ! bien pardonnable, de chercher du regard la compagne bien-aimée qu'il retrouvait d'une façon si dramatique, le bandit réussit à l'éloigner de lui pendant une seconde en empoignant à pleines mains les vêtements couvrant sa poitrine. Déjà, son poing énorme, levé sur la tête d'Albert, allait lui écraser la tempe, quand celui-ci, se sentant perdu, saisit machinalement de la main gauche l'immense barbe qui se tordait au menton du misérable et tira de toute sa force.

La douleur fut telle que Klaas lâcha prise et poussa un beuglement étouffé. Prompt comme la pensée, le Catalan, sans lâcher prise, leva le bras droit et frappa, à toute volée, sur la barbe, entre son poing qui la tenait et le menton où elle était implantée. Un craquement sec d'os brisé se fit entendre et la mâchoire du bandit, arrachée de ses condyles, soutenue seulement par les muscles à demi rompus, pendit comme une loque jusque sur sa poitrine.

Les témoins de cette scène sauvage laissèrent échapper un long cri de triomphe, en voyant Albert repousser sans efforts son adversaire mutilé et s'élancer dans les bras de sa femme crispée par l'angoisse.

Alexandre avait à peine eu le temps d'apercevoir, à travers les herbes, Esther, toujours évanouie, tant cette succession d'événements avait été rapide.

— Joseph, Bushman, dit-il, et toi, Zouga, empoignez-moi ce coquin. Ficelez-le solidement.

» S'il regimbe, vous savez ce que vous avez à faire.

» Je vais, pendant ce temps, secourir cette pauvre enfant.

— Caraï ! monsieur Alexandre, je vais faire de maubaise vesogne. Je suis fou !...

» Mme Anna retroubée !... Ma chère maîtresse !...

» Avaï !... avaï !... Je ris, je pleure

» Le bonheur m'étrangle, vivadioux !...

Anna, en proie à une émotion nerveuse, ne pouvait répondre que par des sanglots convulsifs aux paroles entrecoupées de son mari. Elle tendit affectueusement au fidèle serviteur une main que celui-ci baisa avec tout le respect de son affection, pendant que les deux noirs achevaient de garrotter le Boer, qui beuglait toujours comme un bison blessé à mort.

— Anna ! chère bien-aimée, reprit Albert, voici Alexandre, mon frère en amitié, qui a pris une si large part à ta délivrance.

» C'est à lui, comme à Joseph, que je dois le bonheur de te revoir.

— Je serai votre sœur, dit-elle simplement, en mettant toute sa reconnaissance dans ces quatre mots partis du cœur.

— Je n'oublie pas ces bons noirs, dont la fidélité ne s'est pas démentie un moment.

» Où serions-nous, sans leur inaltérable dévouement ?

— Eh ! vivadioux ! monsieur Albert, interrompit Joseph, nous n'allons pas nous éterniser ici, n'est-ce pas ?

» Si vous reconduisiez les dames au wagon, je resterais pendant ce temps en arrière avec mes deux associés Zouga et le Bushman, pour régler mon compte avec ce gavache.

» Je lui ai promis jadis de l'écorcher tout vif, de le faire cuire un peu et bien d'autres choses encore.

» Mais, comme le temps presse, je me contenterai de le pendre pour faire peur aux moineaux de la localité.

» Qu'en pensez-vous ?

Ce fut Anna qui répondit.

— Albert, mon ami, dit-elle d'une voix douce et triste, voici le premier moment de bonheur que je goûte depuis le jour fatal où mon vénéré père a perdu la vie...

— Mort... notre père !... s'écria douloureusement le jeune homme.

— Assassiné en venant à ta recherche... Je te raconterai plus tard cette horrible catastrophe.

» Le pauvre martyr de l'amour paternel a toute sa vie enseigné le pardon... Il priait pour ses assassins en rendant le dernier soupir.

» Albert, au nom de celui qui n'est plus, au nom de cette morale dont il fut un des apôtres, pardonnons à celui qui fut mon bourreau.

» Laissons-lui au moins la possibilité du repentir...

— Que ta volonté soit faite, répondit le jeune homme, en réprimant le regard plein de haine qui flamboya un moment dans son œil noir.

» Je ne veux pas être plus implacable que la victime.

» Je pardonne.

— Mais moi, je ne suis pas chrétienne, interrompit tout à coup une voix indignée.

» Je ne connais pas ce que vous appelez votre morale.

» La mienne s'appelle : « Œil pour œil... dent pour dent ! »

» Il me faut la peine du talion !

» Le sang de mon père crie vengeance !

» Cet homme a tué mon père !... je veux qu'il meure !

À ces mots, Esther, que les soins d'Alexandre

avaient rappelée à la vie, apparut, pâle encore, la bouche crispée, superbe de colère, tragique comme la personnification de la Vengeance.

— Vous pardonnez, soit, c'est votre droit. Mais, moi, je n'absous pas.

» Je pourrais oublier les tortures qu'il m'a infligées, les insultes dont j'ai été abreuvée pendant ma captivité.

» Mais l'assassinat d'un vieillard, qui avait toute ma vénération, tout mon amour, demande des représailles. Mon devoir l'exige,, ma foi le veut.

» Vous êtes là des hommes vaillants, intrépides... Quel est celui d'entre vous qui me prêtera l'appui de son bras et sera l'instrument de ma haine ?

Les trois Français baissèrent tristement la tête et ne répondirent pas.

— Eh bien, continua de son accent strident la jeune fille, en proie à une exaltation terrible, vous vous taisez ?...

» Faut-il donc que je ramasse ce couteau, dont la lame flamboie... que j'exécute moi-même la peine du talion ?

» Dois-je, à l'exemple des femmes de la légende biblique, verser le sang de l'ennemi ?...

— Non ! interrompit Anna d'un accent brisé, non, Esther, ma sœur bien-aimée.

» Ne mettez pas une tache de sang sur notre affection.

» Laissez ce misérable à ses souffrances, à ses remords.

» Ne repoussez pas la prière de celle qui comme vous porte au cœur une plaie qui ne se fermera jamais.

Il y eut quelques secondes d'un silence poignant.

— Ah ! ma sœur, tu m'as vaincue, s'écria tout à coup Esther, qui fondit en larmes.

» Qu'il aille en paix et qu'il se repente !

» Mais, partons au plus vite. Je craindrais, en restant plus longtemps ici, de voir ma résolution chanceler et de perdre le bonheur que je ressentirai demain d'avoir pardonné aujourd'hui.

Klaas, horrible, sanglant, mutilé, avait assisté avec une impassibilité farouche à ce colloque émouvant qui mettait en jeu son existence. Il n'avait compris qu'une chose, c'est qu'on ne le tuait pas.

Allait-on lui laisser au moins la liberté de ses mouvements et le dégager des entraves qui bleuissaient sa chair ?

Son généreux vainqueur, tout à la joie d'avoir retrouvé sa compagne, ne pensait même pas à mettre hors d'usage le roër tout chargé couché dans les herbes. Le couteau brillait toujours à la place où il était tombé.

Ma foi ? ce Français était véritablement absurde. Il donnait à son frère de lait l'ordre de trancher les liens et de rallier ensuite la colonne. C'était bien vrai, Klaas était libre. Le temps seulement de laisser ses membres recouvrer leur souplesse, son sang reprendre la circulation interrompue, il se glisserait à travers bois et massacrerait sans pitié cette belle jeune femme qui s'appuyait si tendrement au bras de son époux.

Les autres le tueraient ensuite. La belle affaire ! Sa mâchoire brisée ne le mettait-elle pas dans l'impossibilité d'absorber de longtemps les aliments solides ? Un peu plus tôt, un peu plus tard, n'était-il pas fatalement condamné, et ne valait-il pas mieux succomber en tirant de son trop magnanime ennemi cette terrible vengeance ?

Malheureusement, Klaas comptait sans son hôte. Il avait affaire, en Joseph, à un homme non moins vindicatif qui, tout en ayant pardonné, était fort sceptique à l'endroit des bons sentiments que pouvait ultérieurement ressentir le Boer.

Après lui avoir rendu la liberté, le Catalan lui adjoignit, sans qu'il s'en doutât, le Bushman, qui devait le suivre à travers bois comme son ombre et empêcher radicalement toute velléité de représailles.

Le noir poussa un grognement de satisfaction et disparut dans le fourré.

Il n'avait pas encore rejoint, au bout de deux heures, la petite troupe, dont les membres goûtaient près du fleuve un repos vaillamment conquis, et l'on commençait à être quelque peu inquiet de cette absence prolongée, quand on le vit revenir bizarrement accoutré d'une veste de cuir, d'un fusil démesuré et d'une gibecière monstre.

— Eh! quel singulier harnachement portes-tu donc, mon camarade? interrogea Alexandre.

— Chut! fit le noir en mettant un doigt sur ses lèvres et en invitant le jeune homme à s'éloigner du groupe.

— Qu'y a t-il?

— Le Boer voulait tuer la femme blanche. Son fusil était en joue...

— Achève.

— Caché derrière les feuilles, je voyais luire son œil. J'ai pris une flèche empoisonnée avec le n'goua... J'ai bandé mon arc, puis la flèche est partie. Elle est entrée dans l'œil. Le Boer est mort... j'ai pris ses dépouilles.

— Tu es un bon serviteur et mon ami te doit la vie de sa compagne.

— J'aime les blancs. N'as-tu pas sauvé mon enfant de la morsure du pikakolou?

CHAPITRE XV

Premiers instants de bonheur. — Albert renonce à ses projets d'ambition. — *Aurea mediocritas*. — Mort d'un buffle. — A quel usage le Bushman prétendait-il destiner la peau du ruminant ? — Apparition d'un groupe suspect. — Troupe de noirs conduits par un blanc. — Sacrifice du wagon. — La proie et l'ombre. — Retour offensif. — Plan de bataille. — Nouvelle troupe d'indigènes. — Absence du Bushman. — La flottille et le radeau. — Magopo.

Pour la première fois, depuis longtemps, les arbres géants, qui bordent le grand fleuve sud-africain, abritèrent des êtres heureux, dont le bonheur eût été absolu, si la triste évocation de deuils récents n'eût obscurci l'éclat de la joie générale. Fatigues, blessures, maladies, captivité, douleurs physiques, angoisses morales, tout fut oublié dans l'ivresse causée par cette réunion inespérée et les doux épanchements qui suivirent aussitôt.

Les héroïnes de cette longue et douloureuse pérégrination à travers l'Afrique australe durent faire une relation circonstanciée de leurs dramatiques aventures, et leur récit fit tour à tour frissonner de crainte et d'attendrissement leurs auditeurs insatiables.

Esther raconta l'inqualifiable agression dont son père avait été victime pendant la nuit, son assassinat mystérieux, accompli avec une audace inouïe, les soupçons de Mr. Will, le départ de ce dernier à la poursuite des trois Français dans lesquels il voulait absolument reconnaître les coupables. La jeune fille avoua ingénument avoir partagé les soupçons du policier, quelque absurdes qu'ils fussent et fit part également de sa méprise relativement à Sam Smith qu'elle avait confondu avec Alexandre, lorsque le bushranger retrouva sur le sable du désert la Bible de Mme de Villeroge.

Anna fit un tableau navrant de sa détresse au moment où la lâche attaque des bandits l'ayant rendue orpheline près de Pampin-Kraal, Esther, qui ne la connaissait pas, lui ouvrit son cœur, lui offrit tout ce qu'elle possédait, et partagea volontairement les misères de sa réclusion.

Cet entretien affectueux se prolongea longtemps, pendant que les deux noirs, sous la haute direction de Joseph, investi à l'unanimité des fonctions de majordome, s'occupaient d'édifier une case spacieuse et de pourvoir aux apprêts du repas commun.

Albert et Alexandre avaient résolu de demeurer pour le moment sur la rive gauche d'où il leur était facile de soumettre à une surveillance rigoureuse la partie située en amont des cataractes. Ils n'oubliaient pas l'attaque dirigée contre eux lorsqu'ils quittaient la lagune, après s'être embarqués sur le dray, et ils voulaient être en mesure de repousser tout retour offensif.

— Laissons passer quelques jours, disait le Catalan, qui savourait son bonheur avec une joie fébrile.

» Nous avons d'ailleurs un impérieux besoin de repos et ces pauvres enfants plus que nous encore.

» Puis, nous verrons à rallier le kopje Victoria. Nous pouvons maintenant apporter à nos lyncheurs les preuves matérielles de notre innocence et j'espère que le policier de malheur ne sera plus là pour révoquer en doute nos attestations, appuyées sur un témoignage, hélas ! trop cruellement véridique.

— Pourquoi retourner près de ces brutes ? demanda Alexandre.

— Mais afin de nous procurer les moyens de revenir au plus vite en pays civilisé.

» J'éprouve, à te l'avouer sincèrement, un incommensurable besoin d'habiter une maison, de voir des gens qui ne sont pas comme nous couverts de haillons et de manger un vulgaire morceau de pain.

— Le fait est que nous ne payons réellement pas de mine, sous ces défroques nous faisant ressembler plutôt à des truands qu'à d'honnêtes voyageurs.

» Mais tu parles de revenir à Capetown... Et le motif essentiel de notre expédition, qu'en fais-tu ?

— Renvoyé avec éclat dans l'enfer des projets effondrés.

» Je veux rentrer en France Gros-Jean comme devant, retourner à Villeroge et vivoter gentiment avec le peu qui a échappé au krach, au lieu de faire rebâtir somptueusement le castel de mes ancêtres, habiter ma jolie métairie...

» En un mot, offrir à ma chère Anna l'adorable hospitalité pyrénéenne, une chaumière et mon cœur... voilà.

— Tu es dans le vrai et je t'approuve en tous points.

» Retourne en France, mon cher Albert. Moi, je resterai quelque temps encore en Afrique australe. Il me faut reprendre le pic du mineur. Je n'ai plus rien.

» Quant au trésor des rois cafres, n'en parlons plus. J'en fais d'autant mieux mon deuil que sa possession a soulevé plus de haines et fait couler plus de sang.

— Ah ! diable !...

— Qu'y a-t-il ?

— Nous ne sommes pas au dernier sou. Notre déplacement nous a rapporté de jolis bénéfices.

» Eh ! Joseph !...

— Présent ! monsieur Albert.

— As-tu toujours le petit sac de peau renfermant les diamants que nous a remis Alexandre, après sa campagne chez le Batokas ?

— Je crois bien ! Je les ai gardés comme mes yeux.

» Le sac, il est là, dans ma poche intérieure cousue avec une lanière de peau de buffle.

» Voici l'objet, monsieur Albert.

Albert ouvrit le sac et fit ruisseler les magnifiques pierres offertes par le brave Magopo.

— Cela vaut deux cent mille francs comme un liard, mon cher Alexandre. Laisse-moi prélever là-dessus de quoi rentrer en France et mets le reste dans ta poche.

» Tu en feras dix mille francs de rente. De quoi acheter du pain et quelque chose pour manger avec.

— Nous verrons cela plus tard, reprit en souriant le jeune homme.

» N'oublions pas que nous sommes sur les bords du Zambèze, environnés d'ennemis redoutables, à quelques milliers de kilomètres de Capetown, et que, enfin, nous n'en avons peut-être pas fini avec les aventures.

— Tiens ! c'est vrai. Depuis que notre corps expéditionnaire s'est augmenté de ces deux gracieuses recrues, je ne sais plus où j'ai la tête.

» En me rappelant à la situation, tu me fais souvenir que nous avons rendez-vous ce soir avec l'ingénieur. Je donnerais tout ce que je possède pour une carabine-express ou même un simple rifle avec quelques centaines de cartouches.

— Ce ne serait pas sans besoin. Nous sommes, en ce moment, réduits, pour tout engin de défense, à cette espèce de couleuvrine datant du siècle dernier et que notre camarade le Bushman a eu la bonne idée de ramasser sur le champ de bataille.

» A propos, continua le jeune homme à voix basse, tu dois être rompu, après la lutte sauvage que tu as soutenue contre ce bison enragé.

— Ma foi, non. A peine si je ressens un peu de courbature.

— Tu es donc charpenté en acier fondu ?

— Je n'en sais rien. Mais le bonheur que je ressens en ce moment est un remède comme les médecins n'en appliqueront jamais.

— C'est égal, tu ferais sagement de te reposer un peu. Pendant ce temps, je monterai la garde.

— Dormir !... moi... en pareil moment ? Tu veux rire. J'en ai pour une semaine à ne pas fermer l'œil.

Albert n'était pas un fanfaron et c'est de la meilleure foi du monde qu'il s'illusionnait sur ses forces. La résistance de l'organisme humain a pourtant des limites. Aussi, une demi-heure ne s'était pas écoulée que le jeune homme, envahi par une molle torpeur, rafraîchi par la brise caressante que produisait le voisinage du fleuve, s'endormit d'un sommeil de plomb.

Alexandre, fidèle à son engagement, veillait, assis à l'écart sur une grosse racine servant pour ainsi dire de contrefort à un arbre aux feuilles épaisses et serrées. Joseph, pendant ce temps, évoluait avec sa vivacité accoutumée, attendant le retour de Zouga et du Bushman, partis en quête de venaison fraîche.

Les deux noirs, chasseurs infatigables, ignorant la fatale bredouille si redoutée de nos nemrods européens, revinrent, après une absence relativement courte, pliant littéralement sous un véritable monceau de victuailles. Servis par leur infaillible instinct, ils avaient réussi à détourner un grand buffle et l'avaient lestement mis à mort avec une adresse incroyable. Le Bushman avait dépouillé l'animal et enveloppé dans la peau les morceaux les plus délicats. Soit fantaisie, soit plutôt dans un but dont nul parmi les blancs ne pouvait deviner le motif, l'Africain avait usé d'un procédé singulier pour enlever au sauvage ruminant son cuir, dont la résistance est devenue proverbiale.

Avec une dextérité, nous dirons même un art qu'eût envié un naturaliste, il avait retourné complètement cette peau, en faisant sortir le corps tout entier par une large ouverture pratiquée au col de la bête, et l'avait conservée d'une seule pièce, de façon qu'elle formait un sac énorme, parfaitement imperméable.

Alexandre examina curieusement cette dépouille et parut apprécier en connaisseur l'habileté de l'exécution. Il allait interroger le noir et lui demander à

quel usage il destinait ce sanglant trophée, rapporté
d'un point éloigné, au prix de fatigues considérables
et sous un soleil torride, quand son attention fut
excitée par la vue d'un groupe qui apparut à peine
visible, de l'autre côté du Zambèze.

Ne voulant pas inquiéter les deux voyageuses ni
arracher Albert au sommeil réparateur qu'il goûtait
en ce moment, il concentra toutes ses facultés sur ce
groupe, dont il surveilla les mouvements avec une
attention qui n'était pas exempte d'inquiétude.

Le bruit d'une respiration puissante, à laquelle
on eût volontiers donné pour générateur l'organisme
d'un soufflet de forge, se fit bientôt entendre derrière lui. Il tourna la tête et, à son étonnement toujours croissant, il aperçut les deux noirs qui, armés
chacun d'un roseau creux, s'époumonaient à souf-
fler de toutes leurs forces dans la peau du buffle.

Le Bushman, après avoir préalablement recousu
avec de solides lanières de cuir l'ouverture pratiquée
pour sa dissection, avait tout simplement introduit
les deux roseaux dans deux petits trous ménagés
ad hoc et fait signe à son camarade de lui prêter le
secours de son appareil respiratoire. Et les deux braves garçons, les yeux saillant hors des orbites, la
face crispée, ruisselant de sueur, les muscles du cou
contractés à se briser, s'évertuaient à injecter de
l'air dans cette cavité close qui, peu à peu, se gonflait et récupérait, mais en les exagérant notable-
ment, les formes de l'animal vivant. Quand la peau,
après de laborieux efforts, fut bien remplie et ré-
sonna comme une grosse caisse, le Bushman retira
les deux roseaux, recousit les trous avec un soin tout
particulier et se trouva possesseur d'une outre mo-
numentale.

Alexandre, sollicité bientôt par une préoccupation
de plus en plus pressante, n'eut pas le loisir d'interroger son compagnon sur l'usage auquel il destinait
ce singulier récipient. Le groupe qui s'agitait tout à
l'heure dans les brumes flottant de l'autre côté du
fleuve devenait de plus en plus distinct. Il s'approchait lentement, mais sûrement.

Plus de doute, un parti d'indigènes se dirigeait vers le point où les Européens avaient établi depuis peu leur campement provisoire. Déjà, le jeune homme pouvait, grâce à la subtilité de sa vue, isoler les silhouettes noires se profilant sur les eaux jaunâtres et reconnaître jusqu'aux lambeaux de cotonnade coupant d'une ligne blanche tous ces torses d'ébène.

Portés sur une plate-forme presque entièrement immergée, rappelant assez bien un train de bois flotté, les Africains faisaient force de rames et paraissaient se diriger vers le dray toujours amarré dans les hautes herbes formant sur les alluvions comme un taillis aquatique.

Alexandre, bien dissimulé derrière l'épais rideau de frondaisons, ne sachant si ces mariniers improvisés étaient des amis ou des ennemis, braqua, à tout hasard, le roer de feu Klaas dans leur direction, pour être prêt à faire feu si besoin était, au moment opportun et sans se découvrir. Par une vieille habitude de tireur, le jeune homme suivit machinalement le guidon et chercha le point de mire. L'arme massive se trouva, par hasard, dirigée sur une silhouette blanche qui trancha tout à coup au milieu de la masse sombre formée par les Africains.

— Diable ! murmura-t-il, des nègres conduits par un blanc et gouvernant droit à notre vaisseau-amiral ; l'affaire semble se corser.

» Je ne sais pas si je m'abuse, mais il me semble que ces individus sont ceux-là mêmes qui, au moment de notre appareillage, nous ont accompagnés d'une salve.

» En veulent-ils à nos personnes ? Le wagon est-il l'unique objet de leur convoitise ?

» Il faudrait voir.

» Sacrebleu ! ils avancent toujours. Je pourrais déjà, s'il m'en prenait fantaisie, casser comme une poupée de plâtre ce personnage au masque blafard.

» Tiens ! une idée. Si je les laisse arriver jusqu'ici et qu'ils nous attaquent, nous aurons fort à faire pour les repousser.

» Si, d'autre part, je décharge sur eux ce fusil monstre sans provocation de leur part, je risque d'estropier des innocents et j'aurai, en outre, le désagrément d'éveiller ce pauvre Albert, qui dort du sommeil du juste.

» Quelque utile que soit pour nous ce dray-bateau, il n'est pas absolument indispensable à nos existences et s'il est possible, en le sacrifiant à propos, d'éviter un conflit dangereux, il serait préférable de le leur abandonner.

Chez Alexandre, l'exécution d'un projet suivait toujours de près la conception. Il déposa le roer tout armé sur le sol, s'avança en rampant dans les herbes aquatiques, se mit doucement à l'eau, trancha l'amarre qui maintenait la caisse flottante, lui imprima une vigoureuse impulsion et s'en vint, avec les mêmes précautions, reprendre son poste.

Le wagon, pris de côté par le courant, déborda lentement, tournoya deux fois sur lui-même, tangua et récupéra bientôt sa fixité. Il prit peu à peu de l'erre et descendit lourdement, entraîné par les flots.

Cet artifice obtint un plein succès. A peine la machine commença-t-elle à dériver que le train de bois qui portait la troupe indigène obliqua aussitôt, au lieu de suivre franchement la direction qui le conduisait à la côte.

Des cris aigus retentirent et les bateliers, stimulés par le blanc qui semblait les conduire, firent force de rames pour l'atteindre.

Alexandre, ravi du succès de sa ruse, se mit à rire silencieusement et reprit sa faction.

— Allez, mes braves gens, allez toujours. Si vous voulez le suivre jusqu'à la cataracte, et opérer, derrière lui, le plongeon qu'il va exécuter dans une heure, je vous souhaite bon voyage.

» Quant à nous, je crois qu'il est urgent de décamper sous peu et de remonter le plus loin possible. L'endroit me paraît malsain.

» Ah ! si j'avais seulement avec moi une cinquantaine de mes fidèles Batokas !...

» Tiens ! à propos, où donc est passé le Bushman,

avec sa peau de buffle ? Le brave garçon a des airs mystérieux, aujourd'hui. Je gage qu'il a combiné un plan dont nous apprécierons avant peu les résultats.

Alexandre allait éveiller Albert et lui faire part de l'urgence qu'il y avait à s'éloigner sans retard, quand Zouga, devinant la pensée du jeune homme, l'arrêta du geste et de la voix.

— Laisse dormir le chef, lui dit-il à voix basse. Nous avons le temps.

» Tu verras de drôles de choses, avant la nuit, et ceux qui nous poursuivent ne nous tiennent pas encore.

— Que veux-tu dire ?

— Tu verras... répondit le Cafre, aussi énigmatique qu'un sphinx d'ébène.

Deux heures s'écoulèrent et un plantureux rôti, cuit à l'étouffée, à la mode indigène, fut bientôt exhumé de la fosse où il avait rissolé avec sa garniture d'herbes aromatiques.

Albert, sollicité par les effluves gastronomiques s'exhalant de cette primitive rôtissoire, s'éveilla, s'étira en bâillant et s'écria d'un accent plein de convoitise :

— Oh ! la bonne odeur !... J'ai dans l'estomac tous les vampires de la forêt vierge.

» Mesdames, à table ! si le cœur vous en dit. Alexandre, laisse là ta couleuvrine et abandonne ta faction. Le déjeuner est servi.

— Je ferai sentinelle d'un œil au moins et j'absorberai les bouchées doubles. Car je me trompe fort ou nous allons avoir avant peu du nouveau.

— Ah bah ! Raconte-nous donc cela.

— Regarde plutôt, mais sans te laisser apercevoir, dans la direction des cataractes.

— Diable !

— Eh bien ?

— C'est donc sérieux ?

— Comme une échéance.

— Albert !... qu'y a-t-il encore ? demanda Mme de Villeroge, inquiète.

— Peu de chose, mon enfant. Une trentaine de noirs, accompagnés, me semble-t-il, d'un blanc.

— Des ennemis, n'est-ce pas ?

— Je n'en sais rien encore. Mais Alexandre, qui les surveille depuis quelque temps, doit être quelque peu édifié sur leur compte.

— J'ai tout au plus des présomptions, répondit celui-ci. Ce sont, je crois, les mêmes qui nous ont attaqués lors de notre appareillage.

» Ne sachant s'ils en voulaient à nous ou au wagon, j'ai détaché, pendant ton sommeil, l'énorme machine qui s'en est allée au fil de l'eau du côté des chutes.

» Ces personnages énigmatiques l'ont tout naturellement suivie sur leur train de bois flotté. J'ai de la sorte gagné deux heures que tu as bien employées à te reposer et pendant lesquelles notre rôti a pu acquérir cette saveur exquise.

— Je devine le reste. Désespérant d'atteindre le dray qui doit avoir fait une superbe culbute dans la faille, ils reviennent au point d'où il est parti, espérant trouver les mauvais plaisants qui leur ont fait faire cette jolie course.

— C'est probable.

» Pendant qu'ils s'évertuent à faire remonter leur radeau, qui avance avec beaucoup moins de rapidité que la plus empêtrée des tortues, nous allons achever notre repas.

» Puis, nous verrons à nous mettre en état de défense.

— Tu crois donc à une attaque ?

— Pourquoi pas ? Je ne la redoute guère, en somme.

» Cette horde ne me paraît pas bien terrible. Zouga et le Bushman, convenablement embusqués, se chargeront de les mettre à la raison.

» Quant au blanc qui commande, ma foi, tant pis pour lui. S'il commet l'imprudence d'essayer même de nous molester, je lui tire dessus, comme sur un simple lapin.

Les noirs bateliers approchaient peu à peu du campement des Européens, en hurlant à pleine gorge une sauvage mélopée rythmant les mouvements de leurs pagaies.

Soupçonnaient-ils la présence des blancs ? L'odeur et la vue de la fumée émise par le foyer avaient-elles été une révélation pour leurs organes si subtils et toujours en éveil ? Il est permis de le supposer, car ils gouvernaient avec une singulière rectitude sur le point où les membres de la petite troupe achevaient leur repas.

— Attention, dit à voix basse Alexandre. Le moment approche. Que personne ne fasse un seul mouvement.

— Mille tonnerres ! s'écria Albert.

— Qu'y a-t-il ?

— Ce blanc... je le reconnais. C'est Pieter, le Boer.

— Et ses compagnons sont les coquins qui accompagnaient jadis cet infâme renégat que nous connaissons seulement sous le nom de Révérend.

— Alors, l'affaire sera chaude.

» Mais où est donc ce Bushman de malheur ? Son arc et ses flèches seconderaient utilement le feu de l'unique arme que nous possédons.

» Eh ! Zouga !...

Alexandre sentit en ce moment qu'on lui touchait l'épaule. Il se retourna vivement et aperçut, debout derrière lui, le Cafre qui, la main étendue vers la droite, lui indiquait silencieusement quelque chose.

— Ah ! pardieu ! s'écria le jeune homme, c'est donc le jour des grandes régates sur le Zambèze ?

» Voici une flottille qui s'avance également dans notre direction, de façon que nous formons le sommet d'un triangle équilatéral, dont les côtés sont constitués par les deux lignes des assaillants.

— Mais ces derniers, interrompit Albert, me semblent des canotiers sérieux.

» Vois donc comme l'ordre des pirogues est régulier, comme les coups de pagaies tombent avec un rythme parfait, soulevant à chaque effort une longue coulée d'écume.

» Les autres sont des ennemis, à n'en pas douter,

et je donnerais volontiers un diamant du prix de cent livres pour connaître les intentions de ceux-ci.

Le visage de Zouga, jusqu'alors contracté par la fixité avec laquelle il examinait la flottille, s'éclaira d'un large sourire et il prononça ce seul mot :

— Magopo !

Puis, indiquant, du bout du doigt, une masse ronde, flottant comme une bouée, et sur laquelle s'avançait, en tête des pirogues, un homme pagayant avec fureur, il ajouta :

— Bushman.

— Magopo ! mon vieil ami le chef des Batokas, amené par le brave Bushman...

» Alors, nous sommes sauvés !

» A notre tour de donner la chasse à ces pillards éhontés ; à notre tour aussi de faire payer ses méfaits à ce misérable Boer et de le mettre pour jamais dans l'impossibilité de continuer ses lugubres exploits.

CHAPITRE XVI

Les exploits du Bushman. — Où Magopo prouve que
l'amitié d'un Cafre n'est pas un vain mot. — La fumée
mystérieuse. — Les Barimos irrités veulent des victimes. — Magopo fait le sacrifice de sa vie. — Mouvement tournant. — Terreur et superstition. — Avant la
tourmente. — Un orage dans la zone torride. — Après
la fumée, la flamme. — Hésitation de la colonne d'attaque. — Un coup de feu.

Une fois encore, l'ingénieuse reconnaissance du
Bushman vient d'arracher les blancs à un danger
terrible.

Le brave Africain, jugeant avec raison que ses amis
ne manqueraient pas, tôt ou tard, d'être en butte à
de nouvelles attaques, pensa tout d'abord à se procurer les moyens de communiquer avec l'autre rive.

Là, en effet, était le salut. Il ne fallait pas, on le
comprend, songer à remonter vers le nord, pour
échapper aux périls résultant de la présence de Pieter et de ses sauvages auxiliaires. Le remède eût été
pire que le mal, car les deux jeunes femmes eussent
été matériellement incapables d'entreprendre, à travers la région, une course à pied, quelque courte
qu'elle fût.

Il était donc urgent de trouver autre chose. C'est
à cette recherche que le noir employa toute son ingéniosité.

Le canot et les pirogues étaient restés amarrés

dans la petite anse dissimulée sous les broussailles et formant, non loin du kopje, une légère échancrure dans la berge. Le temps lui manquant pour construire une embarcation même des plus primitives, le Bushman utilisa la peau du buffle préparée et gonflée avec l'aide de Zouga, pour confectionner un flotteur très léger parfaitement insubmersible et suffisant à remplir le but qu'il se proposait.

Le procédé employé par les sauvages habitants du pays, pour se servir de cette espèce de bouée et traverser, grâce à elle, des cours d'eau très importants, est bien simple, sans être pour cela à la portée de tout le monde.

Il suffit, en effet, de s'accrocher d'une main à la queue du défunt animal, laquelle est, et pour cause, demeurée à sa place naturelle, de nager de l'autre main et d'opérer avec les jambes de vigoureux mouvements de propulsion.

Le flotteur n'a donc d'autre utilité que de donner au nageur un appui grâce auquel il avancera sans épuiser ses forces et pourra se défendre contre les caïmans qui pullulent généralement dans les rivières africaines.

C'est positivement l'éventualité presque certaine de la rencontre avec les hideux sauriens qui augmente les difficultés de l'entreprise, très élémentaire en principe.

Car il ne suffit pas d'être familiarisé avec la vue de ces affreuses bêtes et de savoir subir sans émotion le contact répugnant de leur carapace rugueuse, il est indispensable de connaître leur gymnastique particulière et leurs procédés d'attaque.

Il faut, en conséquence, à celui qui entreprend une de ces traversées devant lesquelles eût peut-être hésité l'assurance du capitaine Boyton, des talents de nageur et de plongeur émérite.

Ainsi nanti de son singulier engin de navigation, le noir, qui se souciait des crocodiles du Zambèze à peu près autant que de simples lézards, comprenant que les Européens, réduits à leurs seules ressources, seraient, pour longtemps peut-être, immobilisés sur la rive gauche, pensa, sans désemparer, à se mettre en quête d'auxiliaires qu'il savait bien trouver à peu de distance.

Sans même faire part à personne de son projet, il se mit doucement à l'eau, évolua avec autant d'adresse que de bonheur, opéra sans encombre sa traversée et s'en fut à la recherche de Magopo et de ses braves Batokas.

Le hasard le servit à souhait.

Le chef et ses guerriers, attirés par un phénomène étrange qui se manifestait non loin de *Mosi ou Tounya*, avaient quitté leur retraite et s'avançaient vers la cataracte, dans le but d'aller offrir aux Barimos irrités un sacrifice expiatoire.

Il faut rendre à Magopo cette justice que, aussitôt informé par le Bushman du péril menaçant ses chers blancs, il n'hésita pas une seconde à s'élancer vers eux, retardant, en dépit de tout, la cérémonie que sa naïve superstition lui ordonnait d'accomplir dans le plus bref délai.

Il était temps ; et sa venue inespérée, dans un moment aussi critique, put seule déjouer l'attaque à laquelle Pieter et ses farouches alliés avaient déjà donné un commencement d'exécution.

Albert et Alexandre, après les premiers moments d'effusion, remarquèrent bientôt l'aspect lugubre du noir potentat, dont les traits reflétaient ordinairement une inaltérable et communicative expression de joyeuse humeur.

Et comme ils lui en faisaient la remarque, en s'enquérant affectueusement des motifs de cette sombre préoccupation, Magopo, sans répondre, se dressa de toute sa hauteur et leva la main dans la direction de l'est.

Les vapeurs produites par la pulvérisation de la chute s'élevaient du fond de l'abîme avec leur grondement caractéristique, auquel l'oreille finit par s'habituer, comme au tic tac d'un moulin ou au ronflement d'une machine à vapeur.

Mais, phénomène extraordinaire, une épaisse colonne de fumée noire montait lentement derrière ce rideau de buées légères, se tordait en une spirale capricieuse, puis, parvenue à une certaine hauteur, s'étalait en un nuage opaque flottant lourdement au-dessus de ces buées qu'il semblait écraser.

Les Européens contemplaient, stupéfaits, ce spectacle étrange, auquel ils n'avaient, jusqu'alors, fait aucune attention.

— Les divinités du fleuve sont irritées, dit enfin d'une voix sourde le monarque africain, puisque, aux blanches vapeurs de *Motsé oa Barimos* (les Pilons des Dieux), se mêlent les noires fumées produites par le feu souterrain.

» ... Malheur aux derniers descendants des Barimos, si la flamme qui brûle au fond du gouffre tarit les eaux du fleuve près duquel nos aïeux ont vécu !...

» ... Malheur si elle consume leurs ossements vénérés !...

» ... Malheur sur nous, si la main des Barimos laisse échapper l'emblème séculaire de leur toute-puissance !

— Ce phénomène est, en effet, singulier, et j'en cherche vainement la cause, murmura Alexandre.

— Je comprends d'autant mieux l'effarement de notre ami, reprit Albert, que jamais, de mémoire d'homme, pareil spectacle ne s'est probablement manifesté en ce lieu.

— Les conjectures elles-mêmes nous font défaut.

» La colonne de fumée semble sortir d'un roc absolument nu, qui forme le rebord extérieur de la faille. Je ne saurais, en conséquence, attribuer sa présence à un incendie, dont les éléments paraissent manquer, du moins extérieurement.

— On dirait un volcan.

— Quelle que soit l'apparente justesse de ta comparaison, cette hypothèse doit être rejetée, eu égard à la nature du sol et à sa configuration.

— Mais, enfin, reprit Albert, de plus en plus intrigué, il n'y a pas de fumée sans feu.

— Permets-moi, mon cher ami, de t'arrêter tout net et d'opposer un démenti formel au proverbe.

» *Mosi ou Tounya*, la fumée qui tonne là-bas, a

bel et bien, n'en déplaise au dicton, une origine rigoureusement aquatique.

» Nous serons d'ailleurs édifiés avant peu ; car je me trompe fort si Magopo n'a pas l'intention de se rendre sur les lieux où s'accomplit ce fait inusité.

» Il est urgent pour nous de l'accompagner. Sa troupe est notre sauvegarde et nous nous rapprocherons d'autant du kopje Victoria.

» Notre présence, notre prestige de blancs pourront en outre rassurer ce brave garçon, qui me semble positivement affolé.

» Je crains qu'il ne perde entièrement la tête et ne se livre à quelque pratique terrible qu'il est de notre devoir d'empêcher.

— Puis, interrompit vivement Joseph, quand cette espèce de fumée sera dissipée, — ça ne peut pas toujours durer, n'est-ce pas ? —nous nous mettrons en quête des deux Boers, qui ne peuvent être loin.

» J'ai toujours mon vieux compte à régler avec eux.

» Nous leur mettrons la main dessus et, pour peu que vous y teniez, nous les lyncherons, pour l'exemple.

» Pas de quartier pour ces vermines. Vous savez qu'il n'y a rien à en attendre de bon.

» Morte la bête, mort le venin.

Magopo, de plus en plus sombre, pressa l'embarquement. Chacun prit place dans les légères pirogues et bientôt la flottille gagna le large, à la grande joie des Européens, ravis de quitter, pour toujours peut-être, ce rivage inhospitalier.

En moins de trois quarts d'heure, ils arrivèrent sur l'autre bord, presque en même temps que Pieter et les hommes de feu Caïman, qui s'enfuirent, effarés, à leur aspect.

Les embarcations étaient à peine amarrées aux broussailles implantées dans la berge que les Batokas se rangèrent silencieux, la tête basse, devant leur chef, et plantèrent, avec un ensemble prodigieux, leurs sagaies dans la terre.

Gun et Horse se détachèrent du groupe et vinrent

se placer près de Magopo, dont le visage s'éclaira soudain, comme celui d'un homme qui vient de s'arrêter à une résolution décisive.

Il cambra sa haute taille, fit saillir orgueilleusement son torse d'ébène et, d'un geste qui ne manquait pas de dignité, il tendit en même temps ses deux mains à Albert et à Alexandre.

— Adieu ! dit-il, d'une voix grave, adieu ! blancs que j'ai tant aimés.

» Daoud, notre vénéré père, m'a dit : « Chef ! tous les hommes sont frères. »

» Les Boers qui tuent les noirs sont des bêtes féroces. Ils sont indignes du nom d'hommes.

» Ceux de ma nation sont tes frères. Aime-les toujours. Eux aussi t'aimeront.

» J'ai obéi à Daoud, notre père, et votre amitié fut ma récompense.

» Daoud a bien dit. Tous les hommes sont frères. Le sang qui coule dans le cœur du noir est rouge comme celui qui coule dans le cœur du blanc.

» Je vais donner ce sang pour mon peuple, puisque je suis le chef. Je mourrai donc pour apaiser la colère de nos dieux.

» Gun et Horse sont avec moi les derniers descendants des Barimos. Gun et Horse périront aussi.

» Enfants, venez. Les Barimos nous appellent.

C'est en vain que les Européens, émus à la pensée de ce dévouement aussi magnanime qu'inutile, employèrent les instances les plus pressantes et les plus affectueuses pour faire revenir Magopo sur sa détermination.

Prières, raisonnements, tout fut inutile, le chef demeura inflexible.

— Ecoute-moi, ami, disait Alexandre à bout d'arguments, tu as jusqu'alors ajouté foi à la parole des blancs ; jamais ils ne t'ont trompé.

» Crois-moi comme si Daoud lui-même te parlait.

» Non, l'existence de ton peuple n'est pas en péril. Ta mort sera inutile et c'est en vain que tu auras dit adieu à ton beau pays, à tes vaillants guerriers...

» Attends au moins jusqu'à demain.

» Nous trouverons moyen d'apaiser la colère de tes dieux, sans qu'il soit besoin de donner ta vie !

— Merci, chef, reprit le noir. Tu es bon et tes instances pour me retenir me prouvent ton amitié.

» Mais tu ne connais pas les Barimos.

» Laisse-moi aller où le devoir m'appelle.

» Puis, qui sait ? peut-être ne périrai-je pas.

» Je vais me rendre, avec Gun et Horse, sur la pointe de terre qui domine *Mosi ou Tounya.*

» Nous prononcerons les paroles qui apaisent les dieux.

» Pendant ce temps, mes guerriers grimperont sur la hauteur d'où s'échappe la fumée maudite et ils lanceront au nuage noir les flèches empoisonnées avec le *n'goua.*

» Si leurs efforts font rentrer le monstre dans la terre d'où il s'échappe, si les Barimos écoutent ma voix, si les vapeurs de *Mosi ou Tounya* reprennent la blancheur des plumes de l'aigrette et réfléchissent de nouveau le cercle de lumière, je reviendrai près de vous, heureux et fier comme un vainqueur.

» Sinon, nous nous élancerons tous trois au plus profond de l'abîme.

» J'ai dit. Vous avez entendu un chef.

Les blancs, douloureusement impressionnés devant cette implacable résolution, serrèrent une dernière fois la main du noir, espérant en un véritable miracle qu'ils étaient impuissants à provoquer et dont rien, hélas ! ne semblait faire présumer l'arrivée.

Magopo et les deux jeunes gens remontèrent aussitôt dans leur pirogue, saisirent leurs pagaies et coupèrent obliquement le courant, de façon à n'avoir plus qu'à se laisser dériver pour atteindre l'Ilot du Jardin. Ils disparurent bientôt derrière les îles qui émergent du fleuve comme autant de parterres sur lesquels s'épanouissent les admirables produits de la flore tropicale.

Le chef avait communiqué à son lieutenant des instructions auxquelles celui-ci se conforma rigoureusement. Après avoir donné, sans plus tarder, aux Européens, une garde d'élite largement suffisante pour assurer leur sécurité, il dirigea le gros de sa troupe vers la cataracte, dont la petite armée se trouvait éloignée de près d'un kilomètre.

Chose étrange : la tentative de Magopo avait inspiré à tous les membres de la tribu une telle confiance que les guerriers, loin d'être, comme tout à l'heure, bouleversés par la vue du phénomène, semblent, au contraire, brûler d'impatience de le contempler de plus près.

Ils descendent jusqu'à la chute, contournent la faille, se rangent en demi-cercle, en s'espaçant comme les unités d'une chaîne de tirailleurs, et se mettent en devoir d'escalader le monticule dont le flanc laisse toujours échapper, par une invisible fissure, des torrents de fumée noire.

Puis, ils s'avancent, lentement, mais sans hésiter, brandissent leurs piques et poussent des cris furibonds, pour effrayer sans doute le monstre invisible jusqu'alors et qui manifeste sa présence par le seul aspect des vapeurs sinistres.

Mme de Villeroge et sa compagne, Albert, Alexandre, Joseph, ainsi que le Bushman et Zouga, se sont placés au bord de la faille, sur un point découvert, d'où il leur est possible d'apercevoir tout à la fois Magopo et les deux jeunes gens, à travers les éclaircies des « pilons des dieux », ainsi que les guerriers montant à l'assaut de la colline.

Les Européens, voyant que leurs alliés n'ont jusqu'alors affaire qu'à un ennemi imaginaire, se tiennent immobiles et attendent, avec une impatience pleine d'anxiété, le dénouement de ce mystérieux incident. Inutile de rappeler qu'ils eussent vaillamment payé de leurs personnes, pour combattre un danger réel, et apporté sans hésiter aux Batokas l'appoint de leur intrépidité.

Depuis quelque temps déjà, les deux jeunes femmes, en dépit de leur énergie, commencent à ressentir une impression de lassitude écrasante, se traduisant par un état de torpeur contre laquelle il leur est difficile de réagir. Leurs compagnons, bien qu'ils soient aguerris contre les ardeurs du climat, peuvent à peine tolérer la chaleur lourde, qui incommoderait des salamandres.

La brise, jusqu'alors rafraîchissante, produite par le déplacement qu'imprime aux couches atmosphériques la chute de l'énorme colonne d'eau, arrive maintenant en bouffées suffocantes, comme celles qui sortent d'un haut fourneau.

Enfin, pendant que les êtres humains, haletants sous cette température de serre chaude, sentent la sueur couler en nappes sur leur face et sur leurs membres et respirent à peine l'air embrasé qui les entoure, les végétaux eux-mêmes, comme les euphorbes et les cactus, ces sinistres plantes des sables et des rochers, inclinent leurs tiges flétries.

— Ouf ! murmure à demi-voix Joseph, je n'en puis plus.

» Il me semble avaler du plomb fondu.

— C'est un orage qui se forme, répond Albert.

— Et un orage carabiné, je vous le garantis.

» Voyez donc, jusqu'à ces broussailles d'enfer, qui semblent elles-mêmes se dessécher en en ressentant l'approche.

— Il ne serait pas inutile, dit à son tour Alexandre, dont la barbe ruisselle, de nous procurer un abri.

— Cette anfractuosité de roche.

— ... Sera parfaitement suffisante.

» Les dames y seront à couvert, et c'est l'essentiel. Quant à nous, qui ne redoutons guère une ondée, eût-elle les dimensions d'une trombe, nous veillerons au dehors, si bon nous semble.

— A propos, et nos amis les Batokas ?

— Ils montent toujours.

» Tiens, les aperçois-tu, à mi-côte, la pique en arrêt ?

— Très bien. Ils ont véritablement le diable au corps, pour évoluer ainsi. Depuis que je vis sous la zone torride, jamais je n'ai tant souffert de la chaleur.

— C'est que, comme le dit Joseph, l'orage qui monte va être carabiné.

— Puisse-t-il amener une bonne averse qui éteigne ce mystérieux brasier flambant au centre de la terre et faire ainsi que notre pauvre Magopo nous revienne sain et sauf.

— Excellente occasion pour les nommés Barimos de montrer leur toute-puissance et empêcher ce sacrifice aussi superbe qu'inutile.

— Brave Magopo ! Je ne me consolerais pas de sa mort !

— Alerte !... voici l'orage.

» Mesdames, veuillez pénétrer sous cette roche en auvent, d'où vous contemplerez, dans un moment, le spectacle le plus majestueux et le plus terrible.

L'orage, dont ce brusque changement atmosphérique a été le précurseur infaillible, monte tout à coup à l'horizon et s'avance avec la vitesse d'un météore.

L'habitant de la zone tempérée ne saurait se faire une idée de l'intensité de ce phénomène et de la rapidité avec laquelle il se produit.

Un point noir est apparu à l'orient, à l'endroit où la nappe étincelante du fleuve semble couper l'azur du ciel. Ce point grandit, devient une tache qui s'étale, en quelques moments. Le bleu intense du firmament pâlit aussitôt.

Le soleil rougit, se marbre de plaques violettes et semble clignoter au milieu des brumes.

La tache est maintenant une nuée d'un noir opaque, dont l'aspect sinistre est encore augmenté par le fauve rayonnement d'une bande de cuivre qui la circonscrit de tous côtés.

Un silence lugubre enveloppe bientôt l'immense vallée, comme si la nature concentrait toutes ses forces pour résister à la convulsion qui va tout à l'heure la secouer.

Tout se tait, les hommes et les fauves. Le grondement de la cataracte paraît lui-même atténué et les vapeurs de *Mosi ou Tounya*, plus denses maintenant, semblent s'élever avec peine, pour former sur l'écran noir des panaches d'une blancheur éblouissante.

Quelques éclairs rapides coupent de sillons blafards ces blocs de nuées chargées de fluide, et de sourds grondements commencent à se répercuter sur les eaux devenues en un moment gris de plomb.

Une chaude bouffée d'air, imprégnée d'odeurs sulfureuses, fait frissonner les tiges courbées des euphorbes et tord la colonne de fumée dont les Africains se rapprochent lentement.

L'obscurité enveloppe peu à peu les terres basses ; j'entends par obscurité, non pas ce phénomène normal succédant au crépuscule et précédant de quelques instants la nuit, mais plutôt cette brutale raréfaction de la lumière du jour, aussi pénible à l'œil que le vide partiel l'est au poumon. Ce sont des ténèbres d'éclipse totale de soleil, avec des taches d'ombres mêlées de clair-obscur, où semblent s'agiter des formes auxquelles la clarté à peine évanouie s'est pour ainsi dire accrochée et qui conservent, avec la chaleur emmagasinée, la faculté de rayonner quelques moments encore.

La nuit serait bientôt complète si les fulgurations ne se succédaient presque sans discontinuer. Leurs lueurs blafardes permettent d'apercevoir, de temps en temps, la troupe des Batokas qui semblent hésiter.

C'est que la fumée qui, tout à l'heure, sortait de la colline, vient de subir une étrange et terrible transformation. Pendant les rares instants où les éclairs ne luisent pas, on aperçoit une longue coulée de flammes qui se détache sur le nuage orageux et monte lentement avec des reflets sanglants d'incendie.

Les pauvres noirs ont fait jusqu'alors bonne contenance. Mais, en somme, ils allaient tout d'abord combattre la fumée que, dans leur naïve superstition, ils attribuaient à la respiration de quelque monstre légendaire, tandis qu'ils vont maintenant avoir affaire à une véritable gerbe de flammes, dont la présence indique une recrudescence de fureur chez leur mystérieux ennemi.

Alexandre se rend compte de cette hésitation, et

comprend qu'elle peut engendrer une panique suivie d'un irrémédiable désarroi.

Il va s'élancer vers eux, les encourager, marcher s'il le faut à leur tête, quand une détonation aiguë, précédée d'une flammèche rougeâtre, éclate sur le sommet de la colline.

Une seconde d'accalmie permet de distinguer la nature de cette détonation.

C'est un coup de feu.

Toute erreur est, hélas ! impossible, car un des noirs bronche aussitôt, étend les bras, tourne deux fois sur lui-même et roule, inanimé, sur le roc.

CHAPITRE XVII

Mésaventures de Pieter. — Feroces et superstitieux. — Rupture d'un contrat. — Cornélis et Pieter voudraient bien s'en aller. — Flèches tirées en « feu de salve ». — Après l'orage. — L'averse équatoriale. — Les Barimos sont apaisés. — Curiosité de Joseph et ce qui en résulta. — Joseph prétend apercevoir un ruisseau de lait en ébullition. — Explosion d'un fourneau de mine. — Celui qu'on n'attendait pas. — Apparition de Sam Smith. — Est-ce un tremblement de terre ? — Chute d'une montagne.

Pieter, impatienté déjà par la lenteur désespérante avec laquelle se mouvait son radeau, fut sincèrement exaspéré quand, après avoir donné la chasse au dray vide si ingénieusement largué par Alexandre en temps opportun, il s'aperçut qu'il avait lâché la proie pour l'ombre.

Remonter, à l'aide de cet appareil incommode, le Zambèze, en un point où la vitesse du courant se trouvait décuplée par le voisinage de la chute Victoria, n'était pas une petite affaire.

Aussi, le Boer, furieux de son échec, était-il également inquiet sur le résultat final de cette opération, qu'il fallait entreprendre le plus tôt possible.

Sans s'arrêter aux gémissements des hommes de feu Caïman, épuisés déjà par une longue série de pérégrinations sur l'eau et sur la terre, il les encouragea par quelques paroles bien senties, accompagnées de horions magistralement appliqués à ceux dont l'entendement semblait quelque peu réfractaire à ses exhortations.

Il réussit pourtant à échapper aux tourbillons formés par les îlots et les récifs et à pénétrer dans la zone des eaux plus calmes. C'est alors que, après avoir perdu près de trois heures à poursuivre le wagon vide et à retourner au lieu d'où la lourde machine était partie, il aperçut la flottille des Batokas faisant force de rames pour arriver au point vers lequel il se dirigeait.

Plus de doute, les Européens qui lui avaient échappé en déhalant le dray de la lagune se trouvaient là.

Mais il ne pouvait songer à les attaquer, car les guerriers de Magopo leur constituaient une garde devant laquelle ses pillards eussent fait piètre figure.

Il était encore une fois contraint de battre en retraite et de s'enfuir le plus vite possible, sous peine d'être séance tenante appréhendé par les Batokas, dont les intentions à l'égard de sa horde n'étaient rien moins que bienveillantes.

Frémissant de rage, Pieter ordonna de virer de bord et n'eut pas besoin, pour cette fois, de mettre en œuvre ses procédés habituels d'encouragement, tant l'arrivée des Batokas inspira de terreur à ses compagnons. Il regagna la rive sans autre désagrément, mais il ne put, quoi qu'il fît, retenir près de lui ses auxiliaires, qui s'enfuirent à travers bois, dès qu'ils eurent touché la terre ferme.

Le Boer, penaud et furieux, prit le parti de regagner le point où il avait laissé Cornélis et Sam Smith, espérant pouvoir se concerter avec celui-ci, dont il ignorait naturellement les dernières aventures.

Il escalada lestement la colline, ruminant des projets de vengeance et combinant, dans son cerveau fertile en expédients, le plan d'une éclatante revanche.

C'est alors que se produisirent les événements relatés au chapitre précédent et que termina l'investissement du monticule, opéré par les Batokas, dont le chef s'était dirigé vers l'Ilot du Jardin.

Pieter, à l'aspect de la colonne de fumée qui sortait en épais tourbillons d'une dépression échancrant un des sommets du roc, se sentit, lui aussi, envahi d'une terreur superstitieuse. Le sauvage blanc, aguerri contre tous les dangers d'ordre matériel, était plus tremblant qu'un enfant devant un phénomène dont il ne pouvait soupçonner la cause et dont les effets pouvaient être terribles.

Il retrouva sans trop de peine Cornélis qui, en proie à une folle épouvante, n'avait osé quitter sa forteresse palissadée d'euphorbes, d'aloès et de cactus géants.

— Ah ! vous voilà, dit le borgne, c'est bien heureux !

— La peste m'étouffe si je ne suis pas content de vous revoir.

— D'où diable venez-vous ?

— Mais, vous-même, que faites-vous, ainsi retranché, comme un léopard à l'affût, pendant que j'ai sur les talons tous les démons à peau noire qui habitent les rives du fleuve.

» Où donc est Mr. Smith ?

— Eh ! le sais-je mieux que vous ? riposta Cornélis d'un ton bourru.

» Il est parti aux provisions depuis une demi-journée et j'ignore absolument ce qu'il est devenu.

— La situation me semble grave, Cornélis.

— Très grave, Pieter.

— Tout cela se complique, s'enchevêtre au point que je ne sais plus où donner de la tête.

— Depuis que Klaas n'est plus là pour penser à notre place, tout marche de mal en pis.

— Nous avons peut-être eu tort de faire la guerre à Klaas et de le sacrifier.

» C'est notre frère, après tout, et il était homme de bon conseil.

— De conseil et d'action.

— Cornélis ?...

— Pieter ?

— L'inexplicable disparition de Mr. Smith m'alarme en ce moment plus que tout au monde.

» Vous ne savez rien de précis à son sujet ?

— Rien.

— Quelle direction a-t-il prise ?

— Je l'ignore. Tout ce que je puis vous dire, c'est que le gentleman ne s'est pas dirigé vers la plaine.

» Il n'a pas dû quitter l'escarpement sur lequel nous nous trouvons.

— Aurait-il fait un faux pas et glissé dans la faille ?

— Encore une fois, je m'en sais rien.

» Ce qui m'inquiète par-dessus tout, c'est que son absence a concordé avec l'apparition de cette colonne de fumée qui s'échappe de dessous terre.

— Ma foi, je vous l'avoue ingénument, tout cela ne me dit rien qui vaille, et j'ai peur...

— Moi aussi. Le sol me brûle les pieds, cette fumée m'épouvante, cette solitude m'étreint le cœur.

» Allons-nous-en.

— C'est cela, partons. Notre engagement se trouve rompu par le fait de l'absence de Mr. Smith et nous n'avons rien à gagner en demeurant plus longtemps ici.

— Ce ne sera d'ailleurs que partie remise et nous aurons, avant peu, reconstitué les éléments d'une nouvelle expédition ayant pour but la conquête du trésor.

— Mille tonnerres !...

— Qu'y a-t-il ?

— La retraite elle-même nous est interdite !

» Nous sommes cernés.

— Cernés !...

— Voyez plutôt les noirs qui grimpent à l'assaut en brandissant leurs sagaies.

— Bah ! ce ne sont, après tout, que des nègres, et nous aurons beau jeu.

» Ce nuage noir qui monte va, tout à l'heure, déchaîner sur la vallée une effroyable tempête pendant laquelle il nous sera facile de disloquer leur ligne et de nous frayer un passage, coûte que coûte.

— Bien dit.

» Attendons qu'ils soient à portée et faisons feu sur les premiers qui apparaîtront.

Les deux sacripants apprêtèrent leurs armes et se blottirent au milieu de la sinistre futaie leur servant d'abri.

La ligne sombre des guerriers africains progressait lentement et l'orage éclatait avec toute sa fureur au moment où Pieter, croyant le moment opportun, déchargeait son roër sur un d'entre eux.

Les Batokas, loin d'être effrayés en voyant tomber leur camarade, poussèrent de nouvelles et plus farouches clameurs. Ils comblèrent spontanément le vide produit par sa chute et, pensant avec raison que de nouveaux coups de feu allaient inévitablement succéder au premier, modifièrent aussitôt leur attitude, s'aplatirent sur le sol, dont la nuance se confondait avec leur épiderme, et s'avancèrent en rampant comme des reptiles.

Puis, comme s'ils eussent obéi à une consigne, ils saisirent avec un ensemble qu'eussent envié les soldats d'élite de nos troupes européennes leurs arcs de bois de fer, arrachèrent de leurs carquois les terribles flèches empoisonnées et firent pleuvoir une grêle de projectiles sur le point où avait surgi la lumière précédant la détonation.

Les deux Boers, qui allaient s'élancer à travers leur ligne subitement devenue invisible, s'arrêtèrent en entendant les sifflements stridents produits par les sinistres messagers de mort.

— Le diable m'emporte et les étrangle tous, vous avez commis une imprudence, Pieter.

» Voyez avec quelle précision tirent ces coquins, en dépit de l'obscurité.

» Notre buisson est hérissé comme un énorme porc-épic et peu s'en est fallu que je ne fusse atteint.

— Mais, comment donc faire, mille tonnerres ? Je suis complètement à bout de moyens.

— Battons en retraite vers le point d'où s'échappe

cette flamme rougeâtre qui vient de succéder à la fumée.

— Y pensez-vous ?

— J'y pense si bien que je quitte la place sans plus tarder.

» Libre à vous de vous laisser larder par leurs maudites pointes empoisonnées.

» Quant à moi, j'aime mieux être quelque peu roussi plutôt que de succomber à l'horrible agonie produite par le n'goua.

— Vous avez raison, Cornélis. D'autant plus que la pluie commence à tomber.

» Nous pourrons, à la faveur de l'averse, nous glisser plus près de la rive du fleuve, et, qui sait, peut-être trouver un passage suffisant pour nous permettre d'échapper à ce traquenard.

Ce que le Boer qualifiait euphémiquement d'averse, était bel et bien un de ces déluges accompagnant fréquemment les orages équatoriaux.

Figurez-vous le subit écroulement d'une énorme colonne d'eau qui, pendant quelques minutes, joint les nuages au sol ; imaginez-vous l'effondrement d'un réservoir de dix lieues carrées, représenté par les nuées qui se condensent par suite d'un léger abaissement de température, et vous aurez à peine l'idée du volume de liquide qui s'abat sur les roches basaltiques enserrant la cataracte Victoria.

C'est une trombe qui roule avec un fracas assourdissant, brisant les végétaux, arrachant les pierres, et produisant une immersion rapide, pour ainsi dire instantanée.

Cramponnés à toutes les aspérités, les Batokas n'ont pas abandonné leur poste et les Européens blottis sous leur abri, pressés les uns contre les autres, formant un groupe compact, résistent de leur mieux à cette cataracte qui n'a rien à envier à sa voisine.

Fort heureusement, la durée de cette convulsion de la nature est presque toujours en raison inverse de sa fureur. Ce fut à peine l'affaire d'un quart d'heure.

La foudre a cessé de rugir au moment où commençait cette formidable averse, et les éclairs ne coupent plus les airs de leurs sillons aveuglants. Le nuage orageux perd aussitôt sa lugubre opacité, le jour se refait peu à peu, blafard d'abord, en même temps que la pluie diminue d'intensité.

Puis, un dernier coup de vent déchire cette voûte sombre, en balaye les lambeaux dans la direction de l'Ouest, et courbe du même coup, pendant un moment, les colonnes de vapeurs flottant au-dessus de la faille, et qui reprennent bientôt leur majestueuse immobilité.

Le soleil apparaît en même temps plus radieux que jamais sur le firmament, dont l'azur acquiert, à travers les couches d'air purifiées par le passage du météore, une intensité incroyable et une diaphanéité merveilleuse.

Européens et Africains, stupéfaits en présence de ce changement à vue qui modifie instantanément l'aspect d'une région tout entière, ne peuvent retenir un long cri d'allégresse et d'admiration.

Tous les regarde se tournent vers le point où rougeoyait encore tout à l'heure la mystérieuse flamme vomie des entrailles de la terre...

Il n'y a plus rien. L'œil n'aperçoit aucune trace de feu ni de fumée. Le roc a repris sa configuration première, et sauf le ruissellement de l'eau qui coule en minces filets par toutes les déclivités de la colline, sauf aussi la fraîcheur inusitée des aloès, des euphorbes et des cactus, nul ne pourrait soupçonner le cataclysme passé, ainsi que l'apparition du phénomène qui a tant troublé les paisibles riverains du fleuve africain.

Les Barimos sont apaisés, sans que Mosi ou Tounya ait englouti les derniers descendants de leur race, car, au moment où la trombe qui emportait les nuées a un moment courbé les Pilons des Dieux, l'Ilot du Jardin apparut distinctement, grâce à la prodigieuse transparence de l'atmosphère.

Sur l'extrême point du récif corrodé, blanchi par l'action séculaire des eaux, se tenaient trois sil-

houettes noires, rigides, immobiles, semblables, dans
l'éloignement, à trois énormes points d'exclamation,
se détachant étrangement sur la substance blanche
du promontoire.

C'était Gun, Horse et Magopo.

Il n'est pas besoin de pousser plus avant la reconnaissance que devaient opérer les Batokas, puisque
le motif qui en nécessitait l'exécution a cessé, d'exis-
ter.

Les braves noirs, définitivement rassurés, rompent
aussitôt leur ligne de bataille, se pressent, s'embras-
sent, exécutent même quelques cabrioles, et s'apprê-
tent à redescendre pour aller en grande pompe à la
rencontre du chef et des deux jeunes gens.

Les Européens, trempés jusqu'aux os, mais récon-
fortés par les rayons bienfaisants du soleil, se mettent en devoir de se joindre à eux, et vont quitter
sans regret ces lieux qui eussent pu leur être si fu-
nestes.

Seul, Joseph semble vivement préoccupé.

— Eh ! caraï !... monsieur Albert, je veux bien
m'en aller, mais je voudrais auparavant savoir deux
choses.

— Dis-nous cela, Joseph.

— D'abord, où peut bien être passé le pauvre nègre que j'ai vu tomber frappé d'un coup de feu ?

— D'un coup de feu ?... Tu as rêvé.

— Non pas, vivadioux ! J'ai parfaitement entendu
et vu.

» J'étais dehors, moi, pendant que vous vous trouviez blottis sous la roche.

— Allons, je ne veux pas te démentir. Il y a eu un
coup de feu de tiré et un homme blessé.

— Eh ! bien, voilà, je voudrais savoir où est cet
homme, dont ses compatriotes paraissent se soucier
autant que de l'Exposition universelle, et connaître
l'individu qui a tiré sur lui.

— Tiens, c'est une idée, cela. D'autant plus que,
au cas où tu ne te serais pas trompé, ce personnage
énigmatique dont nous n'apercevons pas trace, ne
saurait être bien loin.

— Je vais, en conséquence, puisque vous m'y autorisez, escalader la plate-forme sous laquelle vous vous êtes abrités. et jeter un coup d'œil sur les environs.

— Surtout, prends garde !

» S'il t'arrivait malheur, je ne m'en consolerais jamais.

— Va bien. Je vais me « défiler » par principes, me glisser à quatre pattes, m'affaler gentiment sur la roche, puis, ouvrir l'œil, et « la bonne ».

Le Catalan opéra sa manœuvre avec autant de promptitude que d'agilité. Ascension, examen des lieux, descente, furent l'affaire de quelques minutes à peine, et Joseph apparut aux yeux de ses amis en se grattant furieusement l'occiput, ce qui, chez lui, était l'indice d'une violente préoccupation.

— Qu'avez-vous vu ? demanda Alexandre.

— C'est drôle tout de même, allez !

— Quoi ?

— Tenez, je vais vous expliquer ça.

» Où plutôt, non, je ne vais rien vous expliquer du tout, car je n'y comprends goutte.

» Je vais vous dire seulement ce que j'ai vu.

— Voyons, finiras-tu, sempiternel bavard ? s'écria Albert.

— Laisse-le au moins commencer, observa fort judicieusement Alexandre.

— Voici donc la chose, reprit Joseph.

» Figurez-vous que de gauche à droite, en partant de la faille, c'est-à-dire en suivant le courant, la roche noire qui forme le sol, se trouve coupée par une longue ligne d'une substance blanche dont il m'est impossible de connaître la nature.

» Cette substance a tout au plus quatre mètres de large, et s'étend à trois ou quatre cents mètres en longueur sur notre droite.

— Très bien. Jusqu'à présent, rien de plus clair. C'est probablement une veine de calcaire incrustée dans le basalte.

» Cela n'a rien d'étonnant.

— Bon. Je vous crois sur parole, car vous savez tout, et bien autre chose encore, continua Joseph, en attribuant à son ami l'étonnante formule de Pic de la Mirandole.

» Mais où vous allez trouver comme moi la chose pour le moins bizarre, c'est quand je vais vous avoir décrit l'aspect de cette ligne blanche.

» Comme elle est placée au milieu d'un petit ravin à peine sensible, toutes les eaux, tombées sur la colline pendant l'orage, se sont réunies dans cette dépression et l'ont recouverte.

» Enfin, voilà où cela devient extraordinaire ; c'est que ces eaux, devenues tout à coup complètement blanches à son contact, bouillonnent de tous côtés, en émettant de légères vapeurs.

» On dirait un ruisseau dans lequel bouillotte une énorme soupe au lait, sans que l'on puisse savoir où est placé le fourneau qui chauffe cette marmite dont le fond se trouve être la surface de la terre.

» Voilà ce que j'ai vu. Si vous avez l'intention de vous en rendre compte par vous-même, montez là-haut. La vue n'en coûte rien.

— Ma foi, s'écria Alexandre, que cette description probablement fidèle d'un nouveau et non moins incompréhensible phénomène intriguait vivement, j'en aurai le cœur net.

Il allait à son tour escalader le raidillon conduisant à la plate-forme, quand une sourde détonation éclata à l'extrême rebord de la muraille noire formant la rive droite du Zambèze. Un épais flocon de fumée blanche sortit d'une fissure qui déchira soudain la roche, et une pluie de débris s'abattit de tous côtés, dans un périmètre de quinze à vingt pas.

Il y eut un instant de surprise chez les spectateurs de ce fait singulier, bien que l'éloignement relatif du point où se produisit l'explosion en rendît les effets inoffensifs.

— Ça, c'est un fourneau de mine, ou je ne m'y connais pas, fit Joseph, qui rompit le premier le silence.

— Pas possible ! s'écria Albert.

La fumée·de dissipa aussitôt.

— Et voici les mineurs ! reprit Joseph, à l'aspect d'un homme vêtu d'habits en lambeaux et qui, souillé d'une boue noire, émergeait de l'ouverture pratiquée par la mine, pendant que deux autres individus, sortant on ne sait d'où, couraient éperdus, comme pris de vertige.

Deux cris échappèrent simultanément à Albert et à Alexandre, en reconnaissant ces hommes apparaissant si étrangement à moins de cinquante mètres.

— Sam Smith !...

— Les Boers !...

Les Batokas accouraient en même temps au bruit de l'explosion, prêts à secourir les Européens et à les arracher à tout prix à un nouveau péril.

Déjà, leur ligne hérissée de sagaies apparaissait sombre et menaçante et s'arrêtait devant le calcaire blanc qui, suivant la pittoresque expression de Joseph, bouillottait comme une immense soupe au lait.

Le bushranger promena de tous côtés un regard circulaire, reconnut les Boers et les interpella rudement.

Ceux-ci s'arrêtèrent aussitôt, et parurent entamer avec lui un rapide conciliabule.

Pendant ce temps, Alexandre faisait signe au lieutenant de Magopo qui s'approchait vivement, pour se concerter avec lui, relativement aux moyens à employer pour opérer la capture des trois vauriens.

Tout à coup, ces groupes divers demeurèrent immobiles, et chacun se tut, comme frappé de stupeur.

Un craquement sonore se fit entendre et domina pour un moment le ronflement de la cataracte.

Une secousse violente, comparable à la trépidation que fait éprouver au sol un tremblement de terre, fit osciller la colline tout entière.

Français et Batokas titubèrent un moment et durent s'accroupir pour ne pas être renversés.

Puis, une série ininterrompue de craquements retentit pendant quelques secondes, alternant avec des secousses de plus en plus intenses.

Il leur sembla que la terre se dérobait sous leurs pieds et qu'ils allaient être précipités dans l'abîme.

Ce n'était que trop vrai.

Toute cette portion de la colline, enserrant le fleuve du côté droit, glissait lentement et perdait peu à peu ses adhérences avec la terre ferme.

CHAPITRE XVIII

Nouveau procédé pour exploiter les houillères. — Mines
à poudre et mines à la chaux vive. — Incomparables
avantages de ces dernières. — Circonstances acciden-
telles ayant produit un phénomène analogue sur les
bords du Zambèze. — Terrible effondrement. — La fin
de quatre misérables. — Les Batokas vivront. —
Epilogue.

L'exploitation des houillères nécessite fréquemment l'emploi de fourneaux de mines, dont l'explosion disloque et désagrège d'énormes blocs de charbon de terre, susceptibles, en raison de leur volume,
de résister au pic de l'ouvrier.

L'usage de la poudre qui, pendant longtemps, fut,
par excellence, l'agent explosif, offre de nombreux
dangers, surtout au fond des charbonnages atteignant parfois des profondeurs considérables.

Il est en effet impossible d'arriver à régulariser
cette force brutale, de façon à obtenir des résultats
à peu près constants, en dépit de l'expérence et des
précautions les plus minutieuses.

Deux coups de mine creusés, chargés e enflammés
d'une façon absolument identiques, produiront des
effets les plus divers et les plus inattenlus. L'un ef-
fondrera un banc tout entier, lézardera des galeries
et compromettra la sécurité des ouvrier, quand l'autre ne produira qu'une fumée suffocant et un tapage
d'enfer. L'un et l'autre pourront, en oure, mettre en

liberté et enflammer une notable quantité de grisou, et amener la catastrophe si redoutée du laborieux personnel des houillères.

De nombreux essais avaient été tentés en vue de remplacer par d'autres corps détonants cette substance si capricieuse, mais en vain. Les découvertes elles-mêmes de la chimie contemporaine avaient été inutiles, jusqu'au jour où un modeste artisan, servi par le hasard, et, hâtons-nous de le dire, par son esprit observateur, donna une solution à cette question si essentielle (1).

Voici en quoi consiste cette invention qui, bien que mise en pratique depuis vingt-cinq ans à peine, donne d'excellents résultats dans certains charbonnages.

Son principe repose sur la propriété que possède la chaux vive d'augmenter considérablement de volume et avec une force d'expansion très intense, quand on la met en contact avec de l'eau. On a donc pensé à utiliser ces propriétés pour substituer l'emploi de la chaux à celui de la poudre. Les trous de mine sont percés avec le fleuret dans la couche de charbon, à la profondeur d'un mètre, au diamètre de sept ou huit centimètres, et espacés les uns des autres d'environ un mètre et demi. Puis on les charge avec des cartouches de chaux.

Celles-ci ne sont que des étuis de papier mince ou d'étoffe claire, remplis de chaux vive en poudre. Le long de ces cartouches que l'on bourre très légèrement, se trouve une rainure dans laquelle se loge un tube en fer muni d'un robinet.

Les mines une fois chargées, les ouvriers y injectent de l'eau au moyen d'une petite pompe à bras, puis ferment ce robinet quand la quantité d'eau est reconnue suffisante. La chaux entre aussitôt en effervescence, se gonfle, presse de tous côtés sur la subs-

____

(1) On attribue cette découverte à M. Paget-Maseley. Mais nous croyons pouvoir affirmer que l'honorable ingénieur en fit seulement le premier l'application dans les mines de Belgique et d'Angleterre. — L. B.

tance qui l'emprisonne, la disloque peu à peu, sans secousses, et c'est là l'essentiel, de façon que, au bout de quelques minutes, le bloc circonscrit par ces trous, se détache sans explosion, sans fumée, et surtout sans risque d'enflammer le grisou.

On comprend, sans qu'il soit besoin de plus longues explications, les incomparables avantages de ce système, qui enlève à la pénible exploitation des houillères une partie de ses périls.

Le lecteur se demandera, nous n'en doutons pas, pourquoi cette petite incursion dans le domaine industriel, alors que nous avons laissé, sur la rive droite du Zambèze, nos héros dans une situation des plus dangereuses.

Parce que, répondrons-nous, c'est le procédé le plus simple pour revenir directement près d'eux, et expliquer, avec toute la clarté désirable, les causes et les effets probables du phénomène qui les met en péril.

On n'a pas oublié la configuration des lieux où va se passer le dernier acte de ce drame terrible. Au bord du Zambèze, en aval des chutes, se trouve un banc de houille affleurant le sol à sa partie supérieure, et pénétrant dans l'intérieur de la terre à une profondeur indéterminée. Au centre de ce banc de houille, la grotte naturelle dont Sam Smith a fait son entrepôt, et dans laquelle les hasards de son existence aventureuse l'ont mis en face du Révérend qui, de son côté, est venu s'y échouer après d'émouvantes péripéties.

On se souvient aussi de la présence de cette ligne blanche, formée d'un calcaire grossier, qui, sur une largeur de trois ou quatre mètres, et une longueur de plusieurs centaines de mètres, est emprisonnée dans l'épaisseur de la veine de charbon qu'elle coupe du haut en bas.

On se rappelle enfin ce coup de grisou, provoqué par le Révérend, l'incendie violent qui en fut la conséquence, sa propagation rapide à travers les couches de charbon de terre, grâce à l'énergique courant d'air établi entre les deux ouvertures de la grotte, et l'épouvante des Batokas à la vue de la fumée résultant de cette combustion.

La réunion de ces trois facteurs différents : charbon, calcaire et feu, va dans un moment, grâce à l'adjonction d'un quatrième facteur, la pluie d'orage, donner lieu à un phénomène analogue à celui que produit dans les charbonnières européennes l'usage des mines chargées à la chaux.

Mais, dans quelles formidables proportions !

La première conséquence de l'incendie, qui brûla pendant une demi-journée au moins, fut de transformer en un four à chaux naturel la grotte de charbon de terre. La flamme, d'une violence inouïe, calcina tout le banc de calcaire mêlé à la houille, et qui se trouvait être du carbonate de chaux. Elle le décomposa, lui enleva son acide carbonique, et le transforma en protoxyde de calcium, qui est la chaux employée dans les constructions, la même dont les propriétés ont été utilisées par les ingénieurs des houillères européennes.

Voici donc une mine énorme organisée naturellement, grâce à cette transformation chimique du calcaire en chaux, et par la position que cette chaux occupe relativement aux matières sur lesquelles doit porter son action.

Qu'une cause accidentelle mette en présence de cette substance une certaine quantité d'eau dont elle est si avide, et le phénomène se produira.

C'est ce qui arriva. La pluie succédant à l'orage avec une incomparable intensité, satura en un moment cette ligne immense de chaux vive qui se gonfla dans toute son étendue, pesa naturellement avec une force irrésistible sur la masse qui l'emprisonnait et la chassa dans la direction de l'abîme.

Le décollement de ce bloc énorme, contenant la grotte de Sam Smith et l'hypogée séculaire des anciens rois cafres avec leur trésor, s'opéra d'abord lentement, et avec ces oscillations accompagnées de craquements qui effrayèrent les Européens spectateurs de cette scène étrange.

Le bushranger, ignorant naturellement le péril qui

le menaçait, n'était pas demeuré inactif, depuis le moment où il avait fait la découverte stupéfiante de ce merveilleux trésor. Voulant à tout prix et le plus tôt possible s'arracher de cette obscure prison qui lui pesait d'autant plus que ses vœux étaient accomplis, il résolut de faire sauter la portion de voûte s'opposant à sa sortie. Il bourra de poudre la moitié d'une anfractuosité profonde, appliqua une mèche à ce pétard, y mit le feu et se retira en attendant l'explosion.

Celle-ci se produisit, comme on l'a vu, quelques secondes à peine avant le moment où commença l'effondrement général.

Il serait impossible de décrire les transports du misérable en apercevant un coin de ciel bleu au-dessus de sa tête, à travers l'ouverture pratiquée par la mine. Il bondit comme poussé par un ressort, émergea du réduit au fond duquel ruisselaient des milliers de gemmes fabuleuses et se trouva en présence des Boers se cachant pour éviter le retour offensif des Batokas.

Les pourparlers ne purent être bien longs, car les trois gredins, bientôt en proie à une folle épouvante, sentirent aussi la terre trembler, puis osciller violemment.

Ils voulurent s'élancer, échapper à ce sol mouvant, soustrait tout à coup à son immobilité séculaire.

Vains efforts ! Incapables de reprendre leur équilibre, terrassés par une force mystérieuse, ils s'accrochèrent inconsciemment aux pointes de roc, avec l'énergie désespérée de naufragés étreignant les épaves d'un navire en perdition.

Muets, crispés, haletants, n'ayant bientôt plus conscience d'eux-mêmes, effarés au point de ne pouvoir même pas proférer une plainte ou un appel, ils se sentaient rouler dans l'abîme béant qui les sollicitait.

En effet, toute l'énorme portion de terrain circonscrite par la chaux venait d'être entièrement détachée de la terre ferme. La masse glissa lentement d'abord avec un sourd grondement. Il y eut ensuite un temps d'arrêt pendant lequel la matière parut se tasser, puis le mouvement s'accéléra, avec un indescriptible fracas d'avalanche.

Enfin, le bloc entier s'abîma dans le gouffre sans fond où rugissait le Zambèze, emprisonné dans la coupure basaltique. Roches, arbrisseaux, trésor, momies, tout disparut en un clin d'œil, avec les misérables annihilés par l'approche de la mort, comme les condamnés que les aides du bourreau transportent inertes sous le couperet fatal.

Une voix amie vint arracher les Européens à la stupeur où les avait plongés ce spectacle terrifiant.

Magopo apparaissait radieux, transfiguré, entre Gun et Horse. Montrant du doigt la plaie béante au flanc de la montagne, et les eaux du fleuve devenues tout à coup laiteuses au contact de la chaux, le noir s'écria de son accent guttural :

« — Ici reposaient en paix avec leurs trésors les anciens rois cafres.

» Les blancs impies ont violé leur sépulture et voulu ravir le trésor.

» Les Barimos ont empêché le sacrilège.

» Les Barimos sont terribles.

» Que la dépouille de nos pères repose à jamais sous les eaux du fleuve qui est le bon génie de ma race ! Que les pierres de feu qui ont excité tant de convoitises, restent toujours enfouies au fond du gouffre !

» Les eaux de Mosi ou Tounya sont des gardiennes incorruptibles. Nul ne pourra jamais, à moins de les tarir, commettre un nouveau sacrilège et appeler sur mon peuple la colère des Barimos.

» Les Batokas vivront. »

ÉPILOGUE

Un hasard providentiel avait empêché les Européens de rouler dans l'abîme avec ceux qui, pendant si longtemps, les avaient poursuivis de leur haine aveugle.

La veine de calcaire s'arrêtait à cinq ou six pas à peine du point où ils se trouvaient, et d'où ils avaient assisté avec l'émotion que l'on peut concevoir à l'épilogue du drame auquel ils avaient été si souvent mêlés.

La déchirure circonscrivit le rocher sur lequel ils s'étaient abrités pendant l'orage et s'étendit en biais jusqu'à la faille, transformant la plate-forme basaltique en un promontoire aigu au bas duquel rugissait le torrent furieux.

Soustraits enfin à ce cauchemar poignant qui avait failli devenir une terrible réalité, heureux de se sentir débarrassés de la menace permanente personnifiée par les Boers, le Révérend et le Bushranger, ils se mirent en devoir de regagner le Kopje Victoria où ils espéraient retrouver les moyens de rentrer en pays civilisé.

Ils rencontrèrent l'Ingénieur qui, désespéré de n'avoir vu personne au rendez-vous, accourait à tout hasard vers la faille, attiré par le fracas assourdissant que produisit le cataclysme final.

Enfin réunis, ils ne pensèrent plus qu'à fuir ce lieu désolé, pour se rapprocher au plus vite des endroits civilisés.

Tous envisageaient d'ailleurs avec la plus complète indifférence, la perte du trésor des rois cafres.

Albert, tout entier au bonheur d'avoir retrouvé sa compagne, eût été parfaitement heureux, en dépit de la ruine de ses espérances, sans la douleur causée par la mort de son beau-père.

Joseph, sobre comme un véritable Catalan, ignorant les besoins matériels, se trouvait bien partout où il était près de son frère de lait. Que lui importaient tous les diamants du monde, pourvu qu'il eût toujours un coin de cœur pour réchauffer son affection !

Quant à Alexandre, son incomparable philosophie lui faisait envisager les hauts et les bas de l'existence avec une sérénité antique.

— Me voici Gros-Jean comme devant, répétait-il de sa voix tranquille. Je n'ai plus qu'à reprendre le pic du mineur.

» Je trouverai un autre claim, et je viendrai m'installer près de vous, aux Pyrénées, après fortune faite.

» L'essentiel, pour l'instant, est de rallier le kopje de Nelson's Fountain, et nous n'y sommes pas encore.

— J'espère bien, repartit Albert, que nous y arriverons sans encombre.

» Notre bon ami Magopo nous fera volontiers la conduite avec une solide escorte dont la présence éloignera les irréguliers dont pullule ce lieu maudit.

Tout en devisant de la sorte, ils arrivèrent au kopje Victoria qui offrait le spectacle le plus lamentable. L'Ingénieur les mit au courant des derniers événements qui avaient désolé ce lieu où ils avaient eux-mêmes failli terminer si tragiquement leurs aventures.

Ils résolurent de donner la sépulture à toutes ces victimes de la férocité des Boers, et d'empêcher au moins que leurs dépouilles ne devinssent la proie des animaux sauvages.

Les Batokas offrirent généreusement leur concours, et bientôt les cadavres des malheureux mineurs, décemment ensevelis dans des fragments de la tente, reposèrent pour l'éternité au fond d'un claim diamantifère.

Puis, Européens et Indigènes se mirent sans désemparer en route pour la région du Sud. Magopo dont la complaisance était inépuisable, avait donné à chacun un superbe bœuf de selle, pourvu d'un harnais commode, sinon élégant, et grâce auquel les étapes devaient être parcourues sans trop de fatigues.

La troupe cheminait gaiement, et c'était plaisir de voir Esther et Mme de Villeroge, assises sur la robuste échine de leur pacifique monture, s'avancer, escortées, la première d'Alexandre, la seconde de son mari, qui, munis chacun d'un parasol en feuilles de latania, défendaient les gracieuses amazones contre les ardeurs du soleil.

L'ingénieur, seul survivant du massacre, n'avait pas voulu quitter ses nouveaux amis. Il ralliait également Nelson's Fountain et faisait volontiers sa compagnie de Joseph, laissant discrètement les deux couples au bonheur d'un adorable tête-à-tête.

Zouga et le Bushman venaient à la suite, et précédaient un groupe de guerriers formant l'arrière-garde.

Alexandre s'était institué le cavalier servant d'Esther et chacun, à commencer par la jeune fille, trouvait cela parfaitement naturel.

Pourquoi pas ? jeunes tous deux ; également beaux, honnêtes et bons, susceptibles aussi d'une entière abnégation, qu'y avait-il d'étonnant à ce que leurs cœurs allassent au-devant l'un de l'autre, et s'unissent dans une mutuelle sympathie ?

— Nous les marierons bientôt, disait à voix basse Mme de Villeroge à son mari qui souriait malignement, en regardant à la dérobée ce couple superbe.

Cela devait être, et cela se fit, sans phrases, avec la simplicité recueillie qui convenait au deuil récent dont la jeune fille venait d'être frappé.

On arrivait à Nelson's Fountain. Alexandre, pâle

et tremblant malgré sa vaillance, demanda à Esther si elle voulait l'agréer pour époux.

La jeune fille, toute rougissante, laissa tomber sa main dans la sienne, et murmura bien bas ce seul mot :

— Oui.

Il fut convenu séance tenante que le mariage serait accompli dans le plus bref délai, et conformément à la loi anglaise, sauf à lui donner plus tard la consécration de la loi française, devant le représentant officiel du pays.

La cérémonie eut lieu devant une foule sympathique composée de mineurs qui, connaissant les aventures des nouveaux époux, témoignèrent par des hourras enthousiastes, la joie que leur causait ce dénouement aussi heureux qu'imprévu.

Un incident étrange et pénible tout à la fois, faillit pourtant troubler cette fête qui révolutionnait littéralement le Kopje. Au moment où le cortège quittait l'habitation du délégué de l'autorité britannique, un homme couvert de haillons sordides, la barbe inculte, la face contractée, les yeux égarés, s'élança vers Alexandre et tenta de le saisir au collet, en hurlant d'une voix rauque :

— Au nom de la loi, je vous arrête !...

C'était Mr. Will !

Mr. Will qui, échappé par miracle aux crocs mortels du pickakolou, avait été frappé de démence, tant fut vive sa terreur en sentant le contact du hideux reptile.

Le malheureux, après avoir erré à travers le désert, avait été rencontré par une horde de noirs errants. Ceux-ci, pour lesquels la folie est chose sacrée, reconnaissant d'ailleurs dans l'aliéné un Européen, l'avaient rapatrié.

— Té ! s'écria Joseph, le policeman !

» Oh ! le pauvre !...

» Il me fait de la peine, quoiqu'il ait agi à notre égard, comme un chenapan.

» Monsieur Albert, sans vous commander, si nous le faisions conduire à Capetown...

» On pourrait s'arranger de façon à payer sa pension dans une maison de santé.

— Entendu, mon bon Joseph. Je m'associe de grand cœur à ta « vengeance ».

— Merci ! le courrier arrive demain, nous l'emballerons dans sa voiture.

Ce courrier se présenta à l'heure indiquée, avec cette régularité chronométrique dont les Anglais possèdent l'heureux privilège. Il apportait à Albert une lettre volumineuse dont la suscription, d'une écriture inconnue, était rédigée avec un luxe de détails qui le fit sourire.

— Ma parole ! on dirait une lettre de notaire, murmura le jeune homme.

» M'annoncerait-elle un héritage ?

Il ne croyait pas si bien dire. Un parent, à un degré infinitésimal et qu'il connaissait à peine de nom, s'était tout doucement laissé mourir en lui léguant sa fortune. Une fortune monstre dont le chiffre atteignait une quantité respectable de millions, disait la massive émanant effectivement d'un notaire.

Le parent était presque centenaire ; Albert, en fouillant les souvenirs déjà lointains de son enfance, ne pouvait se rappeler de l'avoir entrevu, toutes conditions suffisantes pour atténuer ses regrets et lui permettre de se réjouir décemment de cette aubaine inespérée.

— Eh bien ! dit-il à Alexandre, part à deux. Je ferai rebâtir Villeroge et tu viendras t'y installer avec ta compagne.

Alexandre allait opposer à cette offre fraternelle un refus affectueux, mais formel, quand l'Ingénieur qui, depuis la veille, parcourait le kopje à la recherche d'une concession, entra dans la case, en manifestant les signes de la plus vive émotion.

Il avait entendu les dernières paroles d'Albert.

— Cher monsieur, dit-il à Alexandre, pardonnez-moi d'entrer ainsi comme un ouragan, sans vous avoir même fait prévenir.

» Ma grande affection pour vous est ma seule excusé ; et je suis heureux d'arriver porteur d'une nouvelle qui va vous remplir de joie !

— Vous savez bien, mon cher bienfaiteur, que vous n'êtes jamais indiscret avec nous.

» Nous ne faisons qu'une seule famille, et vous en êtes.

» Parlez.

— Cherchant hier un claim à ma convenance, je parcourais en tout sens le kopje, regardant de préférence les concessions abandonnées.

» L'aspect de l'une d'elles me frappa singulièrement, et je reconnus, au premier coup d'œil, à des signes indéniables pour un vieux routier comme moi, qu'elle devait être colossalement riche.

» J'y fis pratiquer aussitôt des fouilles. Les résultats furent éblouissants.

» Je me rendis sans désemparer au bureau du cadastre pour savoir si ce claim était définitivement abandonné, et me l'approprier le cas échéant.

» Le directeur me répondit que le claim, vendu jadis au sieur Samuel Bernheim par un Français, M. Alexandre Chauny...

— Ma concession !... s'écria Alexandre.

— ... Appartenait, par droit d'héritage et en toute propriété à mademoiselle Esther Bernheim, aujourd'hui madame Chauny.

» Recevez, cher monsieur, les sincères félicitations de celui qui a eu le bonheur de reconnaître l'opulence prodigieuse de ce claim. Vous êtes dorénavant riche comme feu Crésus, et vous pourrez le vendre ce que vous voudrez.

— Je préfère, répondit en souriant le jeune homme, en continuer l'exploitation, avec un directeur intelligent et honnête. Je lui donnerai cinquante pour cent dans les bénéfices, quelle que soit leur importance...

» Il pourra tailler, rogner, agir à sa fantaisie, et je ne serai pas un associé gênant, car mon intention formelle est de retourner en France.

» Il va sans dire que vous acceptez ces fonctions de directeur.

— Moi !... Mais, c'est une fortune énorme...

— Eh bien ! tant mieux. Vous êtes homme à en faire bon usage. La situation prépondérante que vous aurez bientôt acquise vous permettra, en outre, de continuer l'œuvre de pacification et de progrès commencée par les vaillants explorateurs vos compatriotes.

» Vous connaissez les indigènes. Ils nous aiment. Vous pourrez, je l'espère, arracher ceux de la région au hideux servage des Boers et leur restituer enfin leur part d'indépendance et de liberté.

FIN

Imp. Téqui, 3 *bis*, rue de la Sablière, Paris — 302-11-1925